EXCLUSIVO
PROMOÇÃO POR TEMPO LIMITADO

Poste uma foto no Facebook ou Instagram mostrando a capa do livro *Seu sonho tem futuro*, com o hashtag **#SeuSonhoTemFuturo** contando-nos o seu sonho!

Dessa maneira você estará concorrendo a 35 mil reais para a realização do seu sonho – seja ele qual for!

Quer mudar de país, montar um novo negócio, investir em uma ideia existente, lançar um álbum, publicar um livro ou tirar as férias dos sonhos? Vale tudo!

As três fotos mais curtidas nas páginas sociais dos leitores concorrerão ao **grande prêmio de 35 mil reais** e o ganhador final começará 2018 com esta boa notícia (e dinheiro extra no bolso!). O resultado será divulgado nas páginas oficiais da Kickante.

Vamos tirar sonhos do papel e transformar seu hobby em fonte de renda extra?

Atenção:

1. Uma entrada por leitor.

2. Guarde o comprovante de compra individual do seu livro. Ele será necessário para que receba o prêmio, caso seja o ganhador!

3. É importante que use o hashtag **#SeuSonhoTemFuturo** para que possamos visualizar a sua foto!

4. Ganhará quem receber mais curtidas; use as técnicas deste livro para ser o ganhador!

5. Prêmio em dinheiro válido para compras feitas até o dia 25 de dezembro de 2017.

6. Exposição mensal nas redes da Kickante para as fotos mais curtidas, válida por tempo indeterminado.

CARO LEITOR,
Queremos saber sua opinião sobre nossos livros.
Após a leitura, curta-nos no facebook/editoragentebr,
siga-nos no Twitter @EditoraGente e visite-nos no site
www.editoragente.com.br.
Cadastre-se e contribua com sugestões, críticas ou elogios.
Boa leitura!

Acompanhe o dia a dia da autora
no Instagram: Candicepascoal

SEU SONHO TEM FUTURO

APRENDA COM A MAIOR ARRECADADORA DE FUNDOS DO
BRASIL A TIRAR QUALQUER PROJETO DO PAPEL EM SEIS MESES

CANDICE PASCOAL

FUNDADORA DA KICKANTE

Diretora
Rosely Boschini

Gerente Editorial
Marília Chaves

Assistente Editorial
Juliana Cury Rodrigues

Controle de Produção
Karina Groschitz

Preparação
Entrelinhas Editorial

Projeto Gráfico e Diagramação
Balão Editorial

Revisão
Alyne Azuma

Capa
Vanessa Lima

Impressão
Gráfica Loyola

Copyright © 2017 by Candice Pascoal
Todos os direitos desta edição são reservados
à Editora Gente.
Rua Pedro Soares de Almeida, 114,
São Paulo, SP — CEP 05029-030
Telefone: (11) 3670-2500
Site: www.editoragente.com.br
E-mail: gente@editoragente.com.br

Dados Internacionais de Catalogação na Publicação (CIP)
Angélica Ilacqua CRB-8/7057

Pascoal, Candice

Seu sonho tem futuro : aprenda com a maior arrecadadora de fundos do Brasil a tirar qualquer projeto do papel em seis meses / Candice Pascoal. – São Paulo: Editora Gente, 2017.

224 p.

ISBN 978-85-452-0197-7

1. Negócios 2. Sucesso nos negócios 3. Empreendedorismo 4. Administração de Projetos 5. Administração I. Título

17-1008	CDD-650.1

Índice para catálogo sistemático:
1. Sucesso nos negócios

AGRADECIMENTOS

Agradeço a Salman pelo apoio incondicional aos meus sonhos e planos.

A Alfredo por preencher a minha vida.

A Hassan por tornar-se forte pelos seus sonhos.

Aos meus pais e irmãos por haverem ajudado a tecer as fibras da mulher que sou hoje.

SUMÁRIO

INTRODUÇÃO	11
CAPÍTULO 1: Não basta sonhar, é preciso realizar	21
• O DILEMA NA ESCOLHA DO PROJETO IDEAL	25
• O PERIGO DE SONHAR MUITO ALTO	28
• COMIGO FOI ASSIM (MONICA SALGADO)	31
CAPÍTULO 2: Um país de empreendedores, sim!	33
• AS OPORTUNIDADES E OS PREGUIÇOSOS	36
• ACESSOS DEMOCRATIZADOS	39
• COMIGO FOI ASSIM (FÁBIO SILVA)	41
CAPÍTULO 3: Medo: chegou a hora de encará-lo	45
• DIGA-ME COM QUEM ANDAS	49
• PERSISTIR SEM TEIMAR	52
• DÁ PARA COMEÇAR SEM TEMPO E SEM DINHEIRO?	53
• MENTE FORTE *VERSUS* DECISÕES FRACAS	55
• O MEDO TEM A EXTENSÃO DE UM SEGUNDO	57
• COMIGO FOI ASSIM (ESTEVÃO CIAVATTA)	59
CAPÍTULO 4: Vamos entrar na era da execução	61
• *U-TURN*	65
• O JEITO HOLANDÊS DE SER	66
• A RODA DA VIDA	67
CAPÍTULO 5: O início da jornada para o sucesso	71
• OLHE PARA DENTRO	74

- QUESTIONE SILENCIOSAMENTE   74
- TRACE UM PLANO MICRO   76
- VAI DAR ERRADO ANTES DE DAR CERTO   76
- QUEM TEM MEDO DO LOBO MAU   79
- ALGUMAS PALAVRAS SOBRE O LÍDER   81
- COMIGO FOI ASSIM (ANSELLMO SAZY)   82

CAPÍTULO 6: Uma coisa é certa: seu planejamento não é estático, a não ser que já tenha desistido e fracassado   85
- OS RISCOS, A RESILIÊNCIA E O *FUCKUP NIGHTS*   87

CAPÍTULO 7: Como pesquisar o mercado sem gastar seu dinheiro   91
- COMO OBTER INFORMAÇÕES CONFIÁVEIS SEM CUSTO?   95
- O *NETWORKING* QUE DÁ RESULTADO   98
- QUEM PODERIA SE INTERESSAR PELO SEU PROJETO?
- O PÚBLICO-ALVO E AS PERSONAS   99
- E O MEU CONCORRENTE?   107

CAPÍTULO 8: Metas alcançáveis são metas bem construídas   109
- DÚVIDAS MODERNAS   115
- CONSTRUA SEU *BUSINESS PLAN*   119
- CUIDADO COM A SÍNDROME DO IMPOSTOR   121
- COMIGO FOI ASSIM (BRUNO MAHFUZ)   123

CAPÍTULO 9: Como pagar as contas mensais vivendo do seu sonho   125
- QUANTO VALE O SEU SONHO?   127
- TÁ TUDO MUITO LINDO, TÁ TUDO MUITO BEM, MAS... CADÊ O DINHEIRO?   130

- FINANCIAMENTO COLETIVO — 131
- A CIÊNCIA DA ARRECADAÇÃO DE FUNDOS — 134
- TIPOS DE INVESTIDORES PARA PROJETOS BRASILEIROS — 137
- INVESTIDORES: OS TÃO FALADOS, MAS RARAMENTE VISTOS — 141
- COMO CONSEGUIR O SIM DE SÓCIOS E INVESTIDORES — 144
- PREMIAÇÕES E CONCESSÕES — 147

CAPÍTULO 10: Grande sonho ou renda extra? — 149

- É NESSA FASE QUE VOCÊ VAI ATRÁS DOS SEUS PRIMEIROS CLIENTES! — 152
- MAS O QUE FAÇO PRIMEIRO: O MVP OU UM FINANCIAMENTO? — 154
- A INOVAÇÃO DEVE SER CONSTANTE — 155

CAPÍTULO 11: Marketing é distribuição e vender é responsabilidade de todos na empresa — 157

- COMO VOCÊ SE COMUNICA COM O SEU PÚBLICO NA INTERNET — 160
- O USO INTELIGENTE DO E-MAIL MARKETING — 164
- E COMO O SEU PÚBLICO PODE ENCONTRAR VOCÊ? — 165
- BRASIL: UM DOS MAIORES USUÁRIOS DE MÍDIAS SOCIAIS NO MUNDO — 167
- AVISO AOS NAVEGANTES: O BEABÁ DAS POSTAGENS — 170
- COMO SUA EMPRESA VIRA NOTÍCIA NA TELEVISÃO, NAS REVISTAS E NOS JORNAIS? — 173
- COMO SABER SE SUAS AÇÕES DE MARKETING DIGITAL SÃO BEM-SUCEDIDAS? — 174
- COMIGO FOI ASSIM (TABATHA MORAES) — 176

CAPÍTULO 12: No mundo da tecnologia e inovação,
ainda é tudo sobre pessoas   179

- ENCONTRE AS PESSOAS CERTAS   183
- COMO FAZER TODO MUNDO... FAZER!   186
- FOCO EM RESULTADOS   188
- MAPAS DE FLUXO DE TRABALHO + PROCESSOS
= PRODUTIVIDADE   189
- POR QUE VOCÊ PRECISA SE PREOCUPAR
COM *COMPLIANCE*?   191
- LIDANDO COM CRISES   192
- CONQUISTANDO E MANTENDO MAIS CLIENTES   192
- COMO FECHAR UM NEGÓCIO QUE PARECE IMPOSSÍVEL   193
- MENTORIA E *NETWORKING* SEMPRE!   198

CAPÍTULO 13: Você está mais próximo de realizar
seu sonho do que imagina   201

- ACREDITE NOS SEUS *INSIGHTS*   204
- NÃO DESISTA ANTES DA CHEGADA   205
- DE ONDE VÊM AS IDEIAS? ONDE CONSIGO UMA?   206

CAPÍTULO 14: Mude o (seu) mundo com seus sonhos   209

- COMO ME RECONECTAR AO MEU PROPÓSITO?   212
- RECONECTANDO COM SEU PROPÓSITO   213
- O EFEITO DOMINÓ   214
- PERMITIR-SE AO PERMITIR O OUTRO   216
- SEJA A MUDANÇA   217
- E ONDE ESTÁ A TÃO SONHADA, DANADA, FELICIDADE?   218
- OS GUARDIÕES DA FELICIDADE   220

INTRODUÇÃO

SE VOCÊ ESTÁ COM ESTE LIVRO EM MÃOS, JÁ DEVE TER imaginado, alguma vez na vida, como seria viver como aqueles que se sustentam a partir de seus sonhos. Milhões de pessoas ao redor do mundo acordam todos os dias e têm prazer em viver o próprio sonho, porque conseguiram transformar um *hobbie* ou uma simples ideia em realidade e renda estável para si mesmas e/ou para a família. A boa notícia é que, como está lendo este livro, você já tomou o primeiro passo para transformar seu sonho em realidade.

Nos últimos três anos ajudei, com minha empresa, a Kickante, milhares de pessoas a tirar os projetos mais variados do papel. Muitos deles, mais de uma vez! Neste livro, vou contar não só como os auxiliei, mas também sobre as ferramentas que eu mesma uso para constantemente transformar os sonhos dos outros e os meus em uma realidade fácil e executável para qualquer um. Inclusive você.

Sabe a sua amiga que adora cozinhar? Seu amigo que é criativo, mas não sabe se pode viver do próprio sonho? Os inúmeros conhecidos que trabalham em escritórios maçantes há anos, sem nenhuma vontade, só por muita necessidade? Este livro é para todos aqueles que você conhece e têm um sonho. Escrito em uma linguagem prática e clara, esta obra é para que qualquer pessoa possa transformar sonhos em realidade, e viver deles.

O capital humano brasileiro é enorme. Estamos rodeados de gente criativa, inovadora, preparada. Como nós!

Moro fora do Brasil há mais de quinze anos liderando empresas norte-americanas. Internacionalizei conceitos diferentes em cargos altos em mais de 120 países, mesmo para os norte-americanos. Nova York, Paris e Amsterdam já foram minha casa, e a verdade é que me sinto como se fosse um pouco de cada cidade. Vejo que todo povo tem seu charme e seu calcanhar de Aquiles, e percebo também que ao brasileiro nunca faltaram criatividade e vontade.

Ainda assim, não somos o país mais empreendedor. O que nos falta? O que falta ao homem que sonha com seu próprio negócio, a mulher que tem um plano de ações, ao músico, ao escritor, ao empreendedor, à dona de casa, ao formando, ao profissional liberal para tirar projetos variados do papel?

Quando pensei em criar a Kickante, uma plataforma on-line que tira projetos do papel por meio da colaboração do povo brasileiro, as pessoas me diziam que o brasileiro não faz doações. Parecia uma realidade incontestável. No entanto, em um ano provei que isso não era verdade. Contarei a você neste livro como minha ideia se tornou possível.

Quando ouvi que o financiamento coletivo não funcionaria no Brasil, que o brasileiro não doaria de jeito nenhum, que meu projeto era muito norte-americano, percebi que todas essas reações eram de medo. Contudo, não eram medos meus. Sempre lutei contra mitos e verdades incontestáveis, e isso colaborou muito para eu conseguir alcançar meus objetivos.

Fui tímida na infância, mas nunca medrosa. Aos 14 anos resolvi estudar inglês fora do país em vez de economizar para ter uma bela festa de debutante ou uma viagem para a Disney. Meus pais me desafiaram a pesquisar preços e cursos para tentar convencê-los, imaginando que, com isso, eu desistiria ou encontraria um empecilho tão grande que não retornaria tão cedo. Talvez retornasse aos 20 anos. Eles tinham receio de que a filha fosse estudar sozinha nos Estados Unidos por tanto tempo, naquela idade. Porém, três semanas depois, lá estava eu, com um orçamento detalhado apresentando três opções. Fiz uma planilha tão bem detalhada que eles foram incapazes de dizer não. A única exigência? Que eu convencesse minhas duas irmãs mais velhas a irem comigo, pois imaginavam que elas recusariam. Depois de mais duas semanas, retornei com o sim delas também. E lá fomos para os Estados Unidos fazer um curso de inglês de três meses na Flórida.

Depois dessa experiência, viajei com frequência para outros lugares. Nessas outras vezes, sozinha. Nova York, Paris, Madri. Ao final da minha faculdade de Administração de Empresas com Comércio Exterior, eu já era fluente em quatro idiomas e tinha experiência internacional em alguns dos maiores centros financeiros do mundo.

Nessa época, eu já havia me dado conta de que o medo tem a extensão de um segundo. A partir do momento que você ultrapassa aquele um segundo que o separa do medo e do cenário que o amedronta, já está vivendo a situação que tanto sonhou e terá agora de lidar com uma nova realidade, ocupado demais para se deixar levar por suas algemas. Tomar consciência disso mudou a minha vida e foi uma das atitudes que fez com que eu conseguisse tirar meus projetos do papel.

O método detalhado que passo neste livro é que você pode sonhar com uma empresa, um projeto social, um movimento esportivo, uma reforma, um blog, enfim, a ideia perfeita para você e sua felicidade, e fazer acontecer. Assim como ouvi muita gente duvidando de cada novo projeto e consegui seguir em frente, você também será capaz com as técnicas e ferramentas deste livro. Para isso, vou ajudá-lo a entender de pesquisa de mercado, plano de negócios, marketing digital, financiamento... O foco deste trabalho é ajudá-lo a encontrar o rumo certo de maneira prática. Ao final de cada capítulo, começaremos a esboçar seu sonho. Dar uma cara a esse desejo. Encontrá-lo nas oportunidades ao seu redor. E juntos vamos fazê-lo acontecer.

Procurei juntar aqui as orientações necessárias para que você consiga dar os primeiros passos em busca de seu objetivo, tanto interna — digo, organizar as ideias na sua mente —, quanto concretamente, partindo dos passos que eu mesma segui para realizar meus trabalhos e para ajudar milhares de pessoas e organizações a realizar os delas — mesmo que seu desejo seja completamente diferente da sua vida atual. Contarei aqui sobre todas as ferramentas e os métodos que me ajudaram a migrar de executiva de grandes empresas dos Estados Unidos e da Europa para empreendedora de *startup* no Brasil. Aqui, tudo é possível.

Minha trajetória começou no interior da Bahia, em Juazeiro, onde nasci e vivi até os 13 anos. Filha de um médico filantropo e dono de hospitais na região, meu caminho profissional natural seria a medicina. No entanto, eu me dizia que não queria estudar dez anos para só então poder exercer a profissão.

Era muito nova e mal sabia naquela época que, em qualquer ramo que escolhesse, teria de estudar constantemente – até hoje estou me aperfeiçoando. Meu desejo era iniciar uma carreira com chances de correr o mundo e o mais breve possível. Passei a considerar as profissões de diplomata, jornalista e administradora de empresas. Já na fila para a inscrição do vestibular da Universidade de Salvador optei por

Administração de Empresas com foco em Comércio Exterior, pois eu acreditava que poderia, assim, seguir o rumo que desejasse. E era verdade.

Na minha carreira em grandes empresas, as coisas aconteceram rápido. Aos 23 anos, comecei a trabalhar na Putumayo World Music, um dos maiores selos de *world music* do mundo. Comecei como estagiária e, menos de dois anos depois, eu já ocupava o cargo de vice-presidente do mercado internacional da empresa, liderando times em diversos países, desde a sede da empresa em Nova York.

Após cinco anos nessa função, pedi demissão e fui convidada para trabalhar com arrecadação de fundos para ONGs. Voltei a viajar, com o time na Europa e nos Estados Unidos, atuando em projetos de captação com o Médicos sem Fronteiras, WWF, Handicap Internacional, Cruz Vermelha, Unicef e outros. Foram mais cinco anos intensos nessa área, até que decidi montar meu próprio negócio e entrei para o ramo das *startups* on-line. Em 2013, eu tinha um sonho (assim como você) e quis torná-lo realidade. Fundei a Kickante – uma empresa de *crowdfunding* dedicada a fazer projetos acontecerem.

O segmento de arrecadação de fundos, no qual me especializei, trouxe para a minha vida as provas de que tudo é possível para quem tem um desejo e trabalha por ele. Ajudei projetos grandiosos e que muitas vezes pareciam impossíveis de sair do papel, vi músicos que não tinham espaço na mídia tradicional encontrarem público, e projetos sociais ganharem forma e mudarem a vida das pessoas que mais precisavam deles. Todos começaram com um sonho que muita gente acreditou que não tinha o menor futuro. Mas teve. Vou contar histórias impressionantes aqui, muitas delas remeterão a você e inspirarão sua trajetória ou situação pessoal.

Hoje, quando olho este Brasil com tantos talentos, sei que existe uma enorme oportunidade para o país e que ela vem das pessoas. Acredito muito e trabalho diariamente por um Brasil em que as pessoas comuns decidam quais projetos devem sair do papel, não os grandes bancos ou as empresas com base em valores que talvez não sejam os nossos.

Na Kickante, é o povo — e hoje mais de um milhão de pessoas — que decide quais projetos têm de estar nas ruas. Reúno neste livro histórias e técnicas dos nossos kickadores, assim como conselhos práticos de alguns dos maiores profissionais do país, com o intuito de que você possa viver seu sonho, como milhares de pessoas que impactamos fazem.

Após esta leitura, você terá tudo o que precisa para transformar seu sonho em realidade.

Desde sua criação, a Kickante lançou mais de 50 mil campanhas, com captação acima de 40 milhões de reais, em apenas três anos. É muita coisa! É nosso o recorde de arrecadação para projetos da América Latina, R$ 1.006.990,95, captados para a campanha Santuário Animal, um projeto da Associação Santuário Ecológico Rancho dos Gnomos que acolhe animais domésticos, exóticos e silvestres oriundos de apreensões e resgates em situação de maus-tratos, violência e exploração. Também foi a Kickante a responsável pela campanha para o lançamento do livro *Trem-Bala* da Ana Vilela, cantora revelação no Brasil, depois que uma simples mensagem de WhatsApp iniciou um compartilhamento que foi visto por milhões de brasileiros, em tempo recorde, para uma cantora até então desconhecida.

Democratizamos os investimentos e os projetos tirados do papel. Trouxemos um país mais diverso e mais justo, onde os projetos têm a cara da nossa nação. Só assim veremos real progresso.

Hoje, além de liderar a Kickante, palestro no Brasil, nos Estados Unidos e na Europa e faço trabalho humanitário que ajuda crianças refugiadas na Holanda. Este livro existe porque creio que todos os sonhos podem ser realizados e servem para fazer um mundo melhor, mas precisam de estratégia e de uma vontade pessoal imbatível. Quero ajudar você a estruturar seu sonho para que ele se transforme em realidade. A maior ferida da humanidade são as pessoas infelizes na vida profissional e pessoal.

E se você pensa que está no país errado, fez a faculdade errada, tem a idade errada, o mercado errado, peço que pare e venha comigo nesta jornada. Nos capítulos a seguir, quebraremos todos os mitos das pessoas com sucesso e o ajudaremos a entender como sua situação atual é a mesma situação para iniciar seu projeto. Li certa vez uma frase que repito sempre:"Um passo de cada vez, lembrando que passos alegres valem por três".Vamos juntos quebrar de maneira simples e fácil o que está entre você e seu sonho.

Pode ter certeza de que ninguém nunca está totalmente preparado para começar um negócio ou executar uma nova ideia, você não é o único a passar por isso. As dúvidas e as incertezas fazem parte de qualquer sonho. No entanto, ao começar pequeno, devagar e constante você minimizará os riscos financeiros e evitará o pânico, e o melhor: poderá se divertir ao fazê-lo.

Se você tem um sonho, um talento, um desejo ou uma ideia que o persegue nas suas noites insones, comece a seguir meu método. Este é o seu livro.

Se eu consegui, mais de uma vez, transformar meus sonhos em realidade seguindo estes passos, você também conseguirá. E sem arriscar sua poupança. Sem sair do seu emprego atual. Sem investir dinheiro que não tem, caso esteja desempregado ou com o orçamento todo comprometido. Este método serve para qualquer um.

As regras do jogo mudaram e seu sonho hoje tem mais chance de se tornar realidade. É disso que vamos falar. Olhe ao redor. A maior empresa de transporte urbano do mundo não é proprietária de carros (Uber). A maior empresa de acomodações não possui nenhum hotel (Airbnb). A maior empresa de conteúdo do mundo não cria conteúdo (Facebook). A maior empresa de fotos do mundo não vende máquinas fotográficas (Instagram). A maior empresa de atacado do mundo não tem inventário próprio (Alibaba). Assim como nós, a Kickante, a empresa que mais tira projetos do papel no Brasil não tem fundo de investimento próprio.

Ao seguir os passos propostos neste livro, seu sonho também se tornará realidade por meio de um processo estudado e comprovado. Todas as perguntas que você vem se fazendo serão respondidas. Vamos começar?

CANDICE PASCOAL

NOTA:
Para facilitar o processo de tirar seu projeto do papel, você receberá ainda como bônus através do site www.seusonhotemfuturo.com.br:

1. um calendário de ações que o ajudará a seguir a fórmula usada no livro para realizar qualquer tipo de projeto;

2. vídeos que vão além do livro, nos quais explico partes importantes do método;

3. vídeos com a história de pessoas que, como você, tinham um sonho e hoje vivem essa realidade;

4. listagem de ferramentas gratuitas e possibilidades de créditos exclusivas que pessoas como eu usam para alcançar seus objetivos sem risco, e que você também pode usar;

5. dois e-books gratuitos sobre como lançar uma campanha de financiamento coletivo de sucesso e como divulgá-la para que atinja seu objetivo financeiro em 60 dias!

CAPÍTULO 1

NÃO BASTA SONHAR, É PRECISO REALIZAR

"QUEM OLHA PARA FORA, SONHA. QUEM OLHA PARA DENTRO, DESPERTA"

CARL JUNG

TODOS OS DIAS CENTENAS DE MILHARES DE PESSOAS têm ideias fantásticas que não são concretizadas. Talvez você faça parte desse time, daqueles que acordam diariamente pensando em projetos que ainda não conseguiram realizar. Nos momentos difíceis, de tensão, ou exaustão, eles vêm, mostrando que tudo poderia ser melhor se você apostasse neles. Então, o dia termina, o sol nasce no dia seguinte trazendo as obrigações do dia, e a sensação que fica é de que a vida não dá espaço para sonhos, correto? Errado. A vida dá espaço para sonhos, para tirar projetos do papel, para deixar sua marquinha no mundo. No entanto, para isso, precisamos de um plano que se encaixe à sua realidade.

Quem vive a angústia de saber que existe algo que tem vontade de fazer, mas tem dúvida de como isso funciona pode se sentir desestimulado. O sonho pode acontecer de muitas formas, talvez você seja músico ou escritor, por exemplo, e vai se perder entre fazer projetos independentes, tentar contratos com gravadoras e editoras, virar youtuber ou *influencer*. Ou talvez deseje uma completa mudança de carreira, uma ideia nova, uma franquia, um novo negócio ou inovação em produto. Aceitar o caminho do sonho para a realidade, não apenas o que está entre seu sonho e a realidade, mas também o caminho das pedras, é, segundo a minha experiência, o momento em que a maioria dos sonhos morre.

Ao mesmo tempo em que tenta empoderar-se do seu sonho ao ver tantos outros que sonharam, seguiram e deram certo, você desanima diante das mensagens negativas que recebe todos os dias de conhecidos que não apostam em seu talento ou até mesmo pelas redes sociais: "Está vendo? Melhor não inventar moda, fique quieto no seu canto".

Isso acontece porque o medo é como um vírus. Ele passa de um para o outro. Se você não tomar cuidado, adicionará à sua vida o medo dos outros. Tirar seu sonho da cabeça para sua vida é uma revolução quieta e calma, é uma ação pessoal. Falaremos sobre isso mais adiante.

Por agora, você pode tirar selfies mostrando que está lendo o livro e colocar a hashtag #SeuSonhoTemFuturo, contando para mim qual é o seu sonho. Ao final de cada capítulo começaremos a desenhá-lo e, no momento certo para você, espero ver o seu sonho realizado!

Muito cedo eu aprendi que, por mais que as pessoas nos amem, a maioria não pode nos encontrar nos nossos sonhos. A maioria das pessoas vive com os próprios medos e os dos outros enraizados, mascarados pela incontestável palavra: proteção. De si, do outro. No entanto, o mundo não está mais disponível para Steve Jobs, Paulo Lehman, Beyoncé, Anitta, Tom Jobim, Clarice Linspector, Jorge Amado, Maurren Maggi, ou para mim, do que para você.

Na vida moderna cada ser humano se tornou um cemitério de sonhos abandonados, e nada é mais triste do que o tempo provar que a nossa ideia deu certo com alguém que teve mais persistência ou tenacidade do que nós. Vamos juntos, aqui e agora, mudar isso.

Mas como as ideias geniais são abandonadas todos os dias? Como a inteligência cede ao medo?

Quer ver um exemplo? Justamente naquele momento em que você acha que pode ter encontrado uma maneira de transformar seu sonho em realidade, tem notícias de um conhecido que quebrou a cara ao seguir o próprio sonho. Ou foi demitido com a crise. Ou vive pobre do seu sonho. Diante dessas experiências da vida do outro, o jeito é convencer-se de que o sensato é manter o seu emprego, o mínimo de estabilidade e o salário certo todo mês. Mal dá para juntar uma reserva para fazer esse tipo de loucura.

No entanto, a ideia continua ali, latente. E ganha nova esperança num almoço no fim de semana na casa de um primo quando a conversa gira em torno dos novos empresários bem-sucedidos que acabaram de se mudar para a casa ao lado. Eles tinham uma vida estável como funcionários de um banco, mas resolveram virar a mesa e estão bem. Muito bem. Então bate a empolgação de novo. Dá até vontade de contar a ideia para todos, mas... vem outro balde de água fria: os comentários gerais são sobre as dificuldades de quem se arrisca num país ainda tão instável, da dificuldade de se voltar ao mercado de trabalho quando o negócio não dá certo, das estatísticas que mostram que nove entre dez empresas fecham depois de três anos e por aí vai. A lista das razões para se manter onde está parece infindável. Então vêm o desânimo e a conclusão de que alguns tipos de sonho não são para qualquer um. E a vida segue na incerteza e no desejo abafado de mudanças.

Tomar a decisão de apostar numa ideia do zero é viver uma montanha-russa de emoções. Em alguns momentos tudo parece questão de garra e determinação. *Yes, I can.* Contudo, basta um único sinal negativo no ar para concluir que só um louco deixa um trabalho com garantias e benefícios para sair da zona de conforto e se jogar no abismo, sem redes de proteção. No entanto, você não precisa largar tudo para seguir seu sonho... Tudo que é grande começou com um pequeno passo. Então, vamos, juntos, achar e planejar o seu. A Netshoes, maior *e-commerce* esportivo da América Latina, começou com o sonho de seu fundador Marcio Kumruian, quando abriu uma pequena loja de sapatos. Por isso, pense: Aonde seu sonho o levará se você se preparar e deixá-lo acontecer? É isso que vamos descobrir, e as opções são inúmeras!

O DILEMA NA ESCOLHA DO PROJETO IDEAL

Um dos desafios difíceis de superar no momento de tirar o projeto do papel é a falta de foco. Há quem pule de um plano para outro sem escalas, sem convicção do que realmente deseja fazer. Imagine quantas ideias de empresas inovadoras as pessoas têm que nunca saíram do papel? Por medo, por total desconhecimento de como fazer o negócio acontecer ou por não conseguirem definir nem o que querem nem aonde desejam chegar.

Ouço muita gente dizer por aí que para fazer um projeto de sucesso é preciso escolher algo que tenha a ver com seu talento. Há também quem diga que o fundamental é ter uma ideia genial, uma sacada incrível. Outro requisito importante para o projeto seria desejar com afinco, sem prestar real atenção à necessidade do trabalho duro. No entanto, não é tão simples assim. Primeiro, porque, quando uma pessoa está mesmo a fim de ter um negócio, pode acontecer de aparecer não uma, mas várias ideias. Como decidir em qual investir? Qual tem mais chances de dar certo e ser mais rentável? Outro momento de impasse é aquele que você decide olhar para si mesmo e avaliar qual é seu melhor talento. Mais uma vez, mil dúvidas passam pela cabeça. Sim, porque o que não faltam por aí são pessoas talentosíssimas que acreditamos ser capazes de tudo, mas muitas vezes são incapazes de criar ou produzir algo sustentável. Ou seja, será que talento é o bastante?

Você já deve saber que, ao virar seu próprio patrão, perderá a maior parte de suas horas livres. Faz parte do pacote. Ter o próprio negócio — com sucesso — exige dedicação quase exclusiva. Mais uma vez vem o dilema de não saber se vai dar conta, se ficar na zona de conforto não é o melhor a fazer. Contudo, ao mesmo tempo que você trabalhará muitos dias das cinco da manhã às nove da noite, poderá também optar por trabalhar do parque, de casa, da empresa ou de uma cidade paradisíaca que ama. Tirar seu projeto do papel é igualzinho àquele trecho de *Grande Sertão: Veredas*, do Guimarães Rosa:

O CORRER DA VIDA EMBRULHA TUDO,
A VIDA É ASSIM: ESQUENTA E ESFRIA,
APERTA E DAÍ AFROUXA,
SOSSEGA E DEPOIS DESINQUIETA.
O QUE ELA QUER DA GENTE É CORAGEM.

Nesse processo inicial, do "quero mas não posso, quero mas não sei, não sei se quero, quero, mas...", um dos grandes carrascos que aprisionam e impedem a concretização dos sonhos tanto na vida profissional quanto na pessoal é o medo. O medo nos limita, nos prende aos julgamentos alheios e aos nossos próprios. Toda vez que uma ideia se acende, o sopro do medo traz as palavras negativas para povoar a mente.

Uma vez preso na teia do medo, vem a paralisia mental que impede a ação. Vamos vencer esse medo com um bom planejamento, quebrando sua ideia aos poucos e dando passos cuidadosos sem pressa e sem riscos, mas com muito prazer, como falaremos mais à frente.

Por isso, precisamos saber que fazem par com o medo a insegurança e a falta de conhecimento do mercado.

Para começo de conversa, quero deixar clara uma questão: a crença de que o melhor negócio é o mais rentável financeiramente é equivocada. O objetivo de cada negócio vai de acordo com o seu interesse. Sua vontade pode ser ficar milionário, ou ter liberdade criativa, ou poder trabalhar de casa com seus filhos; talvez seu objetivo seja mudar o mundo ou resolver um problema de mercado que afeta alguma necessidade sua ainda não suprida por produtos ou serviços existentes. Então, se você tem um sonho, uma paixão, um talento, mas nunca pensou que ele pode se tornar um negócio porque não é algo que dá muito dinheiro, tente voltar para essa ideia inicial.

Esse tipo de pensamento limita as possibilidades e pode tornar-se um entrave justamente para... ganhar dinheiro. Quando comecei a pensar no conceito da Kickante, me deparei com uma ideia muito interessante em uma palestra em Amsterdam da Singularity University, que diz que o novo bilionário não é aquele que tem um bilhão de dólares, mas que de fato impacta a vida de um bilhão de pessoas. Isso é incrível porque muda nossa forma de pensar de "quanto quero ganhar", para "qual o impacto que posso causar no mundo". Nem sempre é fácil encontrar essa resposta. Ou, quando você encontra, algumas pessoas dirão que não vai conseguir, que é idealista demais. No entanto, o mundo precisa de sonhadores como você. Eu acredito no seu sonho, por isso escrevi este livro. Eu acredito na sua criatividade e na necessidade que cada indivíduo tem de ver sua ideia sair do papel.

● ● ● O PERIGO DE SONHAR MUITO ALTO

Nessa fase de *brainstorming* individual surgirão muitas dúvidas e, enquanto existe uma parcela de pessoas que mal visualiza seu talento como uma fonte de sucesso e de dinheiro, existe a outra metade que pode sonhar muito, muito alto. Quem nunca fantasiou ser o próximo Mark Zuckerberg, fundador do Facebook, que, aos 19 anos, dentro do dormitório da universidade, criou uma *startup* que influenciaria mais de 1,5 bilhão de pessoas no mundo uma década depois?

Casos como esse servem tanto para alimentar a confiança no sucesso quanto para corroborar o medo do fracasso. Pensamentos como "eu nunca vou conseguir isso" ou "serei o próximo Zuckerberg" são polos extremos que podem tirar você do objetivo principal, que é encontrar o seu propósito, a sua ideia de projeto.

Os irmãos Mariana e Júlio passaram por algo parecido quando resolveram montar um restaurante orgânico há cinco anos no interior de São Paulo, onde moravam. O lugar tornou-se um dos mais badalados da região, mas acabou fechando por falta de entendimento entre os dois. A primeira, impulsiva, tinha confiança total no projeto e estava sempre inovando, enquanto o segundo, medroso, não queria arriscar nada. As discussões entre os dois viraram rotina, o que deixava o clima tenso e os clientes desconfortáveis. Apesar do sucesso, como não conseguiram encarar o desafio de deixar os problemas do lado de fora, tiveram de desistir do sonho.

Claro que você pode sonhar alto, mas sem esquecer que a falta de planejamento e de estratégia faz muitas vítimas pelo caminho.

Também vi muita gente desistir de uma ideia porque descobriu que alguém estava fazendo algo parecido. Será mesmo o caso de abrir mão do seu sonho por falta de originalidade? Na maioria das vezes afirmo que não. Quantos perfis sobre moda surgiram, por exemplo, depois da primeira influenciadora digital fazer sucesso? Muita gente trouxe um olhar novo sobre algo que já era feito, fez "algo mais" do mesmo. Originalidade está em fazer algo diferente, não necessariamente novo. O conceito da vantagem de ser o segundo é algo bastante difundido hoje nos Estados Unidos. Ao ser o segundo em um segmento, você chega em um mercado com alguma maturidade e consegue aprender e evoluir com os erros dos que chegaram primeiro. A vantagem está em inovar, ir além e principalmente ser você.

O medo da concorrência é sempre motivo primário de preocupação para quem está se preparando para empreender. Por que vou abrir outra pizzaria numa cidade apinhada de estabelecimentos que servem o mesmo tipo de comida? Mais um bar? Outra escola de inglês, salão de beleza ou loja de roupas? Mais um blog de moda? Por que justamente o seu negócio funcionará diante de tantos semelhantes?

Porque o empreendedorismo evoluiu do local para o global décadas atrás, do local para o digital anos atrás e, agora, ele começa a avançar do digital para o nicho, para a sua comunidade. Qualquer que seja a ideia que tenha, existe um público, assim como você, que poderá se transformar no seu mercado, se você der os passos certos.

Eu sei que se imaginar o projeto como um todo as chances de paralisar são enormes. Coloque-se no lugar de alguém que esteja planejando uma *startup* ao estilo do Airbnb, por exemplo, mas com aviões. O projeto nem saiu do papel e o novo futuro empreendedor já pensa em abranger todos os aeroportos do país. O mesmo acontece com quem deseja ser um influenciador no Instagram. A pessoa pode sonhar com milhares de *likes*, mas desanima quando se dá conta de que no começo não é bem assim.

Falta de paciência e de um plano de crescimento constante e consistente deixa muita gente no meio do caminho.

Comecei a Kickante com 21 clientes no primeiro mês, 7 no segundo, 31 no terceiro, 26 no quarto, 40 no quinto e terminamos o primeiro ano com 200 novos clientes por mês. Nossa missão, desde o começo, é de nos tornarmos o braço direito do brasileiro, ter milhões de pessoas engajadas no financiamento coletivo no Brasil. Hoje já somos mais de um milhão de brasileiros impactados em apenas três anos. Já pensou se eu houvesse desistido nos primeiros meses por estar vivendo uma realidade tão diferente do sonho?

E muitos projetos morrem exatamente aí. É o escritor que vendeu apenas 20 cópias do seu primeiro livro, o empreendedor que recebeu 'não' dos 50 primeiros investidores com quem falou, a fotógrafa que iniciou uma conta no Instagram e só conseguiu 150 seguidores no primeiro ano.

O empreendedor precisa trabalhar com duas fontes de pensamento: onde estou e onde quero chegar. Permitindo a si mesmo o tempo necessário para chegar onde deseja. Muitos projetos morrem na ansiedade do visionário.

Se você tem uma ideia, já tem meio caminho andado para a realização. Se não tem, mas deseja criar a própria empresa, também pode chegar lá, desde que aprenda como. É fácil, é rápido e é possível!

Agora, quando alguém tentar parar o seu caminho, cortar os seus sonhos, decidir o que você não pode, faça como eu e lembre-se do "Poeminho do Contra", do Mario Quintana, e recite-o em voz baixa ou alta:

TODOS ESSES QUE AÍ ESTÃO
ATRAVANCANDO MEU CAMINHO,
ELES PASSARÃO...
EU PASSARINHO!

Vamos, então, seguir para os próximos capítulos porque temos muito a sonhar e criar!

COMIGO FOI ASSIM ● ● ●

DO JORNALISMO AO TOPO DA REVISTA *GLAMOUR*, AUTO-CONHECIMENTO E SONHO

DEPOIMENTO: MONICA SALGADO

Chegar a ser diretora de redação da revista *Glamour* foi um grande marco na minha carreira e a realização de um primeiro grande sonho. A revista *Glamour* era, para mim, uma coisa tão visceral, era um filho, era parte de mim. Por muito tempo eu considerava impensável sair de lá. Que ingênua, que bobagem, pois tudo na vida é uma fase. Você tem que saborear o início, o meio e o fim de cada uma delas, saborear cada gotinha que é para ter a certeza que esgotou ali. Seis meses antes da minha saída, eu conversei com a minha chefe e começamos a traçar um plano de sucessão para a minha saída.

Houve medos, claro. Mas nenhum grande, para ser sincera. Tinha um otimismo, uma certeza dentro de mim de que as coisas iam rolar, que se encaminhariam. As pessoas me perguntavam: "mas o que você vai fazer?". E eu dizia: "Não sei o que eu vou fazer, não sei o que vai se descortinar para mim". Eu precisava ter um tempo. Primeiro comunicar o mercado, para entender a temperatura das coisas. Me perguntava: "Como será que vou me sentir fora da *Glamour*? Como será que eu vou me sentir vendo a *Glamour* sendo tocada por outra pessoa? Como será que vou me sentir não tendo a convivência diária com as meninas, que era algo que me dava tanto prazer e tinha uma troca tão bacana entre nós?" Acho que os medos foram mais sentimentais, menos práticos.

É difícil para mim dar um conselho para quem está vivendo um momento parecido com o meu, de final de ciclo. Sem dúvida, não pode ser uma decisão sem planejamento. Eu sou muito intempestiva para tudo, mas a minha saída foi muito calculada. Isso me deu tempo para digerir a mudança e plantar em um terreno mais seguro para o próximo passo.

Acredito que o período de luto da sua antiga vida é necessário para você ter forças para seguir, não tenho dúvida disso. Tem de ser um processo bem cuidado. O autoconhecimento é fundamental.

É preciso se perguntar: Que sonho é esse? Ele faz sentido? Vai me preencher? Como é que vou reagir a ele no dia a dia? Qual será a remuneração? Vou ter de baixar o meu nível de vida? Qual o planejamento que vou fazer na minha vida prática para poder acolher esse sonho? Qualquer passo rumo ao autoconhecimento será muito útil nesse sentido.

Você precisa entender o que você realmente nasceu pra ser, o que vai te dar uma recompensa, um sentido, um propósito para a sua vida. Pois é aí que você consegue ter o pacote completo.

CAPÍTULO 2

UM PAÍS DE EMPREENDEDORES, SIM!

INVESTIR NUM PAÍS COMO O BRASIL, QUE SOFRE FORTE instabilidade econômica, altas taxas de impostos e tem de conviver com a corrupção e a burocracia, além de contar com uma cultura pouco acostumada à inovação, é um desafio — e não é um desafio pequeno. Trata-se de uma decisão que requer coragem e, especialmente, planejamento.

Apesar de todos os empecilhos, ter o próprio negócio está entre os maiores sonhos dos brasileiros. Na verdade, segundo o Global Entrepreneurship Monitor (GEM), uma pesquisa realizada em 2015[1] pelo Instituto Brasileiro da Qualidade e Produtividade, em parceria com o Serviço Brasileiro de Apoio às Micro e Pequenas Empresas (Sebrae) e com apoio técnico do Centro de Empreendedorismo e Novos Negócios da Fundação Getúlio Vargas, esse sonho ocupa o

---

1. Disponível em: <http://www.bibliotecas.sebrae.com.br/chronus/ARQUIVOS_CHRONUS/bds/bds.nsf/c6de907fe0574c8ccb36328e24b2412e/$File/5904.pdf> Acesso em jul. de 2017.

quarto lugar na mente dos brasileiros, atrás apenas do sonho de viajar pelo país, comprar a casa própria e ter um carro.

A pesquisa GEM é atualmente o estudo anual mais abrangente sobre empreendedorismo no mundo. Ele mostrou que quatro entre dez brasileiros entre 18 e 64 anos têm um negócio ou pensam em ter um, ou seja, cerca de 52 milhões de pessoas planejam mudar o rumo da própria vida. Ou já o fizeram. Você não está sozinho.

Os números da pesquisa apontam que nos anos de 2014 e 2015 o Brasil passou do 10° para o 8° lugar no ranking de empreendedorismo inicial. Nesse patamar estão as empresas de até três anos e meio em atividade. Nesse período, o índice subiu de 17,2% para 21%, cerca de quatro pontos a mais na escala percentual, representando mais de 20% de crescimento!

Isso mostra que, apesar da conjuntura econômica desfavorável dos últimos anos, especialmente a partir de 2014, as empresas ainda conseguiram maneiras de sobreviver na turbulência.

Uma das hipóteses para esse aumento do número de empreendedores está diretamente relacionada às taxas de desemprego. A conta parece simples: ao ficar desempregadas de uma hora para outra — ou, no caso dos profissionais autônomos que ainda não estão estabelecidos, quando veem os clientes desaparecerem —, as pessoas começam a buscar maneiras de aumentar a renda e criam, assim, pequenas empresas para vender serviços e produtos *on-line*, nas ruas ou até mesmo de porta em porta.

Esse jogo de cintura é característico do brasileiro: se não existe espaço em um mercado em recessão, você pode criar um mercado para atuar ao empreender, não tem tempo ruim, vamos à luta. É o nosso famoso jeitinho brasileiro aplicado de maneira positiva, a nosso favor. A gente se vira.

Os números superlativos, porém, não significam que todo esse contingente de novos pequenos empresários esteja preparado para competir por novos clientes. Ou que tenham ideias inovadoras capazes de provocar mudanças importantes na região ou no setor em que estão inseridos. No entanto, confirmam um dos resultados da pesquisa, que mostra o Brasil como o país mais empreendedor do mundo entre as setenta nações estudadas, superando os Estados Unidos e a Alemanha. Pequenas e médias empresas representam 27% do PIB brasileiro, calculado em R$ 6,266 trilhões em 2016. Nem tudo sobre nosso país traz notícias ruins!

O ponto aqui, porém, é que nem sempre a mudança nasce de um sonho de toda uma vida ou de um *insight* brilhante. Em muitos casos, são as contas a pagar no fim do mês e a falta de oportunidades no mercado de trabalho que alavancam o negócio próprio. Ou seja, grande parte dos empreendedores brasileiros criou um negócio, geralmente informal, para sobreviver, e dificilmente escala esse negócio ou faz dele algo mais do que um emprego autônomo.

AS OPORTUNIDADES E OS PREGUIÇOSOS

Em que você pensa quando falamos em oportunidade? O que seria um negócio desse tipo? Seria capaz de detectar uma oportunidade se ela estivesse bem diante de você? As pessoas falam muito sobre negócios disruptivos como os líderes das grandes oportunidades de mercado. Quem é próximo a mim, sabe que não sou muito fã de jargões. Não uso nenhum e provavelmente não conheço a maioria. Não preciso. Já criei negócios grandes, do nada, sem me preocupar com termos *startupianos*. Então o convido a fazer o mesmo.

Jargões complicam o simples e criam uma barreira de entrada extra desnecessária. Imagina minha avó falando sobre disrupção do mercado? No entanto, ela certamente pode falar sobre soluções para o problema da rua.

Um grande líder norte-americano disse certa vez que prefere contratar pessoas preguiçosas, pois elas sempre acham uma solução inovadora para os problemas do cotidiano. Pensando nessa linha, o que você poderia otimizar no seu dia a dia ou nas ideias desenvolvidas para o seu projeto? Provavelmente existe uma legião de outras pessoas que também adorariam se beneficiar dessa solução. Bingo!

O caso da Flavia Arantes é emblemático. Sabe aquele momento antes de entrar no banho em que você espera a água esquentar? São em média 6 litros de água limpa que vão literalmente para o ralo! Ela identificou, então, a oportunidade de criar um produto para coletar aquela água desperdiçada enquanto esperamos a temperatura esquentar. Assim nasceu a ideia do Aguawell. Em 2015, ela tirou esse projeto do papel com a ajuda da Kickante. Veja mais em: Kickante.com.br/aguawell.

Imagino que você possa estar deitado na cama, no parque ou sentado no sofá lendo este livro agora e imaginando que nada disso é para você, que tanto eu quanto as outras pessoas que conseguiram alavancar o próprio negócio são completamente diferentes de você, vivem rodeadas de pessoas influentes, têm condições financeiras melhores que a sua ou moram em cidades grandes, no meio do agito e de pessoas interessantes. Se esse tipo de pensamento ainda o atordoa, pare um pouco e lembre que a maneira como interagimos com o mundo mudou completamente. Vivemos conectados 24 horas por dia, a internet nos permite estar em todos os lugares que quisermos, sem gastar um tostão. O mundo é outro, quero que entenda que as barreiras que imagina para um empreendimento hoje em dia são mais fruto da sua cabeça e talvez não sejam tão reais. Até mesmo a questão financeira pode ser driblada, pois dispomos de diversas formas de conseguir financiamento, prêmios, créditos e afins. Falaremos sobre isso nos próximos capítulos.

Nada mais é como antes. As maneiras de ganhar dinheiro se transformaram. Existe hoje uma nova ordem. Liberal, digital, coletiva e disponível para todo mundo.

O mundo mudou. O mundo de que faço parte diariamente, e do qual o convido a participar também, é um mundo onde pessoas como eu e você tiram projetos variados do papel em vez de dependerem das decisões limitadas de duas ou três pessoas. Essa descentralização democratiza oportunidades, dificulta a corrupção e incentiva a inovação. Ela dá uma chance ao seu sonho e abre portas. Existem oportunidades ilimitadas à nossa frente.

Não vivemos mais num mundo em que sucesso nos negócios são apenas as grandes empresas, com no mínimo cem funcionários. É possível ter, manter e fazer crescer um negócio de forte impacto de maneira sustentável, com um, três, cinco ou dez funcionários apenas. As opções são inúmeras. Esse conceito de negócios escalonáveis me atrai muito, pois cria uma solução imediata ao problema da automatização crescente das tarefas: ele possibilita o empreendedorismo a baixo custo. Veja o caso da Kickante: atendemos mais de 15 mil clientes mensais com apenas dez pessoas. E somos também *asset light* (ativo leve), já distribuímos mais de 40 milhões de reais em apenas três anos, mas não temos fundo próprio. Usamos o que há no mercado e redirecionamos esse dinheiro para nosso objetivo final. Você também pode olhar o mercado e fazer o mesmo, transformando, assim, o mundo, ou impactando diretamente a sua comunidade.

ACESSOS DEMOCRATIZADOS

A democracia da informação, que veio com o fenômeno da internet, permite a qualquer um botar sua ideia em ação, sem necessidade de herdar um negócio de família, trabalhar para multinacionais ou seguir a carreira dos pais ou avós. É possível começar do zero e crescer. Mais do que isso, é possível testar.

Até algumas décadas atrás, o dono de um armazém dificilmente avançaria além da própria porta. Contudo, hoje ele pode ter uma loja virtual ou até mesmo um aplicativo e vender on-line para os quatro cantos do mundo, se assim desejar. E para isso não precisa comprar ou alugar um imóvel maior, precisa apenas de um espaço virtual.

Ele precisará, é claro, de estoque e noções de logística, mas consegue fazer tudo isso a partir da sala de sua casa se preferir, testando sua ideia a baixo custo. Também pode começar a pensar em anúncios para seu público, o que antes era inimaginável, visto que não teria orçamento para arcar com os anúncios caríssimos em jornais, revistas, rádio e TV. No entanto, com o Facebook pode impulsionar seus posts com cerca de apenas 20 ou 100 reais. Ou pode fazer um canal, também gratuito, no YouTube e postar os vídeos que achar mais convenientes, com seus produtos e até com as diversas formas de utilizá-los. Foi assim que minha amiga Sara-Kristina Nour prosperou a sua venda de alguns poucos pepinos, na feirinha de sua cidade do norte do Egito, para centenas de entregas mensais na casa dos seus clientes.

Na divulgação on-line, é importante pensar em duas palavras: paciência e constância. Precisa-se de paciência para um vídeo viralizar ou ganhar a primeira posição no Google. E é preciso de constância; mesmo quando ninguém clica no seu vídeo ou compra seu produto, a persistência é seu pulo do gato no mundo on-line. E isso o brasileiro tem de sobra.

Vivemos em um mundo onde adolescentes como a Maju Trindade, de Catanduva, no interior paulista, ganham fama e dinheiro por ter milhões de seguidores nas redes sociais, falando de moda, da vida e de música. Ela ganhou fama ao contar sobre seus sonhos, sua infância e dia a dia com bom humor. Certamente os milhões de seguidores não vieram do dia para a noite. A fama na internet requer o famoso *trabalho de formiguinha*, que dispensa introdução ou comentários.

O fator influenciador hoje não é mais limitado a quem você conhece, onde estudou e a que família pertence, mas o impacto que causa e de que maneira se destaca. Um caso interessante é o da jornalista Amanda Noventa. Jornalista e blogueira, Amanda tinha o sonho de publicar um livro. Depois de anos mostrando seu trabalho, decidiu tentar o financiamento coletivo, ativando sua base de seguidores a contribuir com o seu sonho, e recorreu à Kickante. Publicou não apenas um, mas dois livros, levando dicas de como economizar em viagens e aproveitar ao máximo nosso suado dinheiro: *Histórias para viajar* e *Não comprei na Zara. Gastei na viagem.*

Vivemos uma nova era da oportunidade. O sucesso hoje é acessível, pode ser rápido, mas ainda está longe de ser fácil. Como os canais digitais estão disponíveis para qualquer um de nós, a concorrência está mais alta que nunca. É aí que entram sua voz, sua paixão, sua diferença. É aí que entra também a conexão consigo mesmo para entender o que deseja oferecer em forma de produto ou serviço e depois usar as ferramentas deste livro para seu lançamento ou teste inicial, sem custo nenhum para você.

Diante de todos essas histórias de sucesso, você provavelmente está se perguntando: mas se é tão fácil e tão barato e tão simples, por que todo mundo não tem o próprio negócio de sucesso? Por que conheço pelo menos uma pessoa em cada lugar a que vou que tem um sonho frustrado? É exatamente sobre isso que vamos falar agora.

COMIGO FOI ASSIM

DE CEO DE EMPRESA DE PORTE NACIONAL A UMA INCUBADORA SOCIAL E UM ENCONTRO COM O PAPA

DEPOIMENTO: FÁBIO SILVA

A minha participação no empreendedorismo social começou como voluntário.

Naquela época eu era CEO do terceiro maior grupo de ortodontia do país, mas estava muito infeliz. Só via felicidade através do impacto social. Ficava me perguntando: "Como é que a conta vai fechar? Como é que eu vou poder viver disso?"

Meu maior desafio foi encontrar o caminho para migrar de carreira, me desvincular do empresariado e poder trabalhar integralmente com impacto social. Refleti bastante sobre o que precisava ser feito e a forma devia ser feito. Também conversei com esposa, filhas, família... todo mundo embarcou nisso. Não foi uma caminhada do Fábio sozinho. Foi preciso abrir mão de uma remuneração muito grande como executivo e usar minhas reservas financeiras para viver o novo sonho.

Estava tão impregnado com o empreendedorismo social, com as ações, com esse estilo de vida, que não precisava mais beber o vinho mais caro, não precisava mais usar roupa tão cara, não precisava ter o carro de luxo que eu tinha. Então, a conta foi inversa. Não foi quanto eu precisava ganhar para manter o mesmo padrão. Foi quanto eu precisava cortar para viver o meu sonho.

Em um primeiro momento as pessoas se mostraram desconfiadas, sem entender direito qual era o meu interesse naquilo. Tentavam me rotular como futuro candidato político; outros, por minha convicção de fé, diziam que eu era pastor. Nada me abalava.

Hoje somos mais de 85 mil voluntários e 420 ONGs, em vinte cidades do país. Já vivemos coisas muito bacanas e maravilhosas, como instalar na cidade do Recife o primeiro "voluntariômetro" do país – o primeiro marcador de voluntariado de uma cidade, o Transforma. Vem gente de todo lugar do mundo para o Recife conhecer nosso trabalho e os veículos de comunicação estão, cada vez mais, dando visibilidade para quem causa impacto social. Ou seja, os invisíveis agora começam a inspirar o país.

Mas um momento especial foi quando fui convidado pelo Papa para ir ao Vaticano conversar sobre nosso impacto. Quem sabe, num futuro muito próximo, o papado do Papa Francisco também seja marcado pelo empreendedorismo social e pelo voluntariado. A gente sabe que através do Papa isso pode se tornar global.

Até onde queremos chegar? O engajamento cívico brasileiro é muito baixo. Como consequência, vota mal, não cobra de seus governantes, tem um espírito de cliente da nação e não de protagonista, como deveria ser. Não vai ser apenas por meio do voto a transformação do nosso país. Então, a nossa primeira meta é ter altos números de engajamento cívico. A segunda é ter altos números de empreendedores sociais.

Sempre me perguntam como fazer para começar e eu respondo: ora, começando. Para fazer o bem, para transformar, para se engajar, a gente precisa começar. E não precisamos começar da forma mais estruturada de uma ONG, de um projeto. Podemos fazer isso na nossa casa, no nosso prédio. Pode dar um bom dia no elevador, um abraço no pai, um beijo, levar uma comida para o porteiro que não jantou. Perdemos muito o senso de fraternidade nas nossas convivências diárias. As minhas atitudes influenciam, sim, na vida do outro. Então, quando eu for tomar uma atitude, tenho de pensar se aquilo pode ser positivo ou negativo na vida do próximo, na vida de quem eu conheço ou não.

O Brasil não é um lugar de gente ruim e preguiçosa, mas de pessoas sérias e trabalhadoras. O meu maior conselho sempre é: vá ser feliz! E ser feliz é servindo e cuidando das pessoas. Eu não vou resolver o problema do país apenas por meio da educação do meu filho, porque meu filho vai ter contato com pessoas que não têm educação, saúde, saneamento ou segurança. E a pergunta é: o que eu posso fazer para essas pessoas? Como eu posso cobrar direitos para elas? Como eu posso ser a voz dos que não têm voz? Se nos preocuparmos com o outro, se dedicarmos tempo à vida do outro, aí, sim, seremos felizes, que é o que todo mundo está procurando.

CAPÍTULO 3

MEDO: CHEGOU A HORA DE ENCARÁ-LO

VOCÊ JÁ PAROU PARA ANALISAR OS MOTIVOS PELOS quais parece tão difícil fazer a sua ideia sair do papel e se tornar realidade? Mesmo depois de validar seu sonho e saber que vale a pena? O que impede a maioria de dar o primeiro passo e conquistar o seu sonho?

Muitas vezes, a procrastinação se instala sem um motivo aparente, mas sempre há algo que alimenta esse espaço entre o querer e o fazer, para que você também possa se jogar de uma vez no projeto com que tanto sonha e fazê-lo ganhar forma.

O medo talvez seja o mais poderoso bloqueador de projetos. Ele começa como uma desconfiança e assume proporções cada vez maiores, até se tornar um monstro de várias cabeças. Você pensa na vida dos seus sonhos, morar fora, lançar um livro, abrir uma nova empresa, aprender profissionalmente um novo instrumento, e um alarme dispara na sua mente. "Será que eu posso mesmo viver tudo isso? E todos os possíveis problemas que virão?".

Se você se deixa levar pela dúvida, logo a ansiedade pede passagem e começa a tomar conta das suas emoções. O melhor a fazer com esse sentimento é investigá-lo, encará-lo, colocar uma lanterna embaixo da cama e perceber que ali não dorme monstro nenhum.

Mas por que o medo faz com que tanta gente paralise? Porque não aprendemos a diferenciar o medo, um estado mental, das verdades absolutas. Com isso, o transformamos em circunstâncias determinantes da vida ou de um projeto.

O medo atua em nós, humanos, como atua nos animais. Ele é um sistema de autoproteção, de preservação da vida. Tanto o ser humano quanto os animais usam mecanismos de defesa para evitar ser atacados, machucados ou mortos. Atirar-se em um novo projeto é colocar os talentos à prova, é expor-se e talvez expor também suas finanças, ciente de que pode acertar, mas também errar. O medo, assim, atua como um alerta, e, se encarado e investigado, poderá se tornar um verdadeiro aliado das suas ações, servindo como fiscal dos seus atos, e não como cadeia dos seus sonhos.

Trabalho com sonhos — meus e dos outros — todos os dias. Costumo dizer que sonho é um bicho delicado. Lidar com sonhos requer cautela pois estamos interagindo com talentos variados sim, mas também com emoções. O *imposter syndrome*, termo difundido nos Estados Unidos, criado em 1978 por Pauline R. Clance e Suzanne A. Imes, se chama, em Português, a Síndrome do Impostor. Essa síndrome mostra que mesmo as pessoas mais preparadas e bem-sucedidas, podem se sentir inadequadas, despreparadas, uma fraude embora o sucesso e resultado delas seja visivelmente incontestável. Já parou para pensar nisso? É claro que certo nível de cautela é necessário, mas se tornar refém das dúvidas é perda de energia e de tempo e ainda pode fazer com que o brilho que você tem para mostrar ao mundo, um talento unicamente seu, não influencie as pessoas que poderia, ou deveria.

Todos nascemos com talentos unicamente nossos. Descobrir o seu, acreditar nele e ter um passo a passo como o que ofereço neste livro para se preparar e oferecer seu talento ao mundo torna-se, então, não só uma oportunidade, mas uma necessidade.

O medo de falhar faz com que muita gente desista do próprio sonho e mantenha-se acomodada na vidinha de sempre, mesmo que esteja sem graça ou sem propósito. Com todos os problemas pelos quais passamos, muitas vezes manter-se no lugar conhecido dá a sensação de segurança e estabilidade, o que nem sempre é real.

Ter medo do desconhecido é comum. E, quando falamos de um negócio, é natural ter medo do risco que ele representa. No entanto, é um equívoco acreditar que não arriscar é se proteger.

Na vida nada é estático. Se você não muda, certamente, mais dia menos dia, as coisas mudarão ao seu redor. Um emprego, ainda que pareça perfeito em alguns aspectos, também tem seus riscos. As empresas mudam, acordos empresariais são realinhados. O chefe bacana pode ser demitido amanhã. A indústria certeira pode ter um fator inovador que você não esperava acontecer tão rápido. Tudo pode mudar de uma hora para outra.

Desse modo, quem vive acuado pelo medo de se lançar em busca de seu sonho pode se ver, de repente, obrigado a tomar uma atitude sem programação. O risco, nesses casos, é de cair numa série de armadilhas e lançar o projeto às pressas, sem preparo. E então, as chances de fracasso aumentam, o que não aconteceria se trabalhássemos aos poucos, com preparo, fazendo o trabalho de formiguinha e sem ter de adiar ainda mais nosso sonho — como indica a proposta deste livro.

DIGA-ME COM QUEM ANDAS

A resistência ao novo é outro combustível para o medo. Muita gente tem o hábito de pensar que o novo, o ousado, obrigatoriamente, por ser diferente, deve ser considerado ridículo. Quantas vezes lemos a biografia de um visionário e nos deparamos com cenas assim: o criador propõe sua ideia a alguém que a considera estúpida e impossível de dar certo ou ser realizada. Com o passar do tempo ele é aclamado como gênio, uma pessoa à frente de seu tempo.

O inglês John Creasey, autor de 562 romances policiais, foi recusado 743 vezes antes de publicar seu primeiro livro.

Henry Ford foi à falência cinco vezes antes de conseguir ser bem-sucedido. No início do século XX lhe diziam que os homens jamais trocariam os animais pelas máquinas. É dele a frase: "Não encontro defeitos. Encontro soluções. Qualquer um sabe queixar-se".

Louis Pasteur, o inventor do processo de pasteurização, e autor da frase "A diferença entre o possível e o impossível está na vontade humana", foi um dos maiores cientistas da história, mas não era considerado um gênio em sua época. Hoje ele é um dos três principais fundadores da microbiologia, junto com Ferdinand Cohne e Robert Koch, mas era considerado medíocre na escola. Suas ideias, a maioria sobre temas cujos fundamentos ele mesmo elaborou, eram vistas como tolices por seus superiores e colegas. No entanto, para ele e para os outros nomes citados aqui, o tempo e a persistência se encarregaram de mostrar quem tinha razão.

Todas essas grandes figuras tiveram de vencer o medo do ridículo, todas foram submetidas ao julgamento antecipado, muitas vezes, cruel e realizado por quem não tinha – ou tinha pouco – conhecimento sobre o assunto que eles dominavam.

Esta é uma boa hora para você olhar em volta e analisar quem são as pessoas que o rodeiam e como elas têm influenciado seu comportamento e seu estilo de vida. Não esqueça que o medo e nossas experiências negativas de vida são as principais razões para que ideias lucrativas não saiam do papel.

A ideia de que somos o resultado das cinco pessoas com quem mais passamos tempo juntas me atrai bastante. Essa é uma realidade que influencia a maneira como nos alimentamos, trabalhamos e, por fim, sonhamos. Precisamos, ao nosso lado, de pessoas alinhadas com nosso propósito e nossos planos.

Se você se der conta de que as pessoas a seu lado não o impulsionam a ser quem você deseja, é importante procurar companhias mais afinadas com o seu estilo de vida e com o que você sonha alcançar. Não estou sugerindo um *networking* por puro interesse comercial ou profissional, mas que você se cerque de pessoas comprometidas com a sua visão de si mesmo e mundo, observando sempre que tipo de influência as suas cinco pessoas mais próximas exercem em sua vida.

Essa tese foi difundida pelo empreendedor norte-americano Jim Rohn, palestrante motivacional e autor de vários livros sobre o tema. Foi ele que cunhou a seguinte frase: "Você é a média das cinco pessoas com quem passa a maior parte do seu tempo".

Segundo ele acreditava, não com bases científicas mas empíricas, basta observar atentamente as pessoas com as quais se convive no trabalho e na vida pessoal. Você tem um *networking* positivo, uma rede de amigos e familiares entusiasmados com o projeto? Ou as pessoas a sua volta o colocam para baixo? Elas estimulam seus projetos ou riem de suas ideias? Têm experiências e conselhos positivos para compartilhar ou vivem se lamentando e contando casos de fracassos?

Na época da faculdade, eu queria estagiar no exterior. Ouvi de muitas pessoas que eu seria explorada sexualmente ou acabaria fazendo trabalho escravo. Eram medos. No entanto, não eram meus. Eu havia pesquisado bastante para sanar minhas próprios preocupações. Mas é isso o que o medo do outro faz: ele busca o ponto em que sua insegurança pode ser maior, e fere você bem ali, onde o tiro é certeiro.

Continuei correndo atrás do meu sonho de estagiar no exterior. Mandei e-mails para todas as empresas em que tinha interesse de trabalhar. Foram mais de 600 empresas. E recebi centenas de 'nãos'. Digamos que recebi exatos 599 'nãos'. No entanto, continuava, dia e noite, enviando e-mails. Para cada 'não' que recebia, eu dizia a mim mesma: "Ok, já sei que essa empresa não está interessada. Vou achar uma que esteja".

Passei meses procurando estágio em Nova York, até que o World Trade Center Association, fundado pelo visionário Guy Tozzoli, me aceitou. Quando isso aconteceu me disseram: "Já te falei que isso não acontece, cuidado." Mas segui. Afinal, já havia enfrentado esse receio falando com o consulado do Brasil em Nova York sobre minha ida, registrado meu estágio no Brazilian-American Center of Commerce e validado a reputação da empresa na intenet.

Foram meses muito bem-sucedidos, e fui convidada a retornar no ano seguinte. De volta ao Brasil, todos me disseram que eu havia tido sorte. Sorte? Isso é o que acontece quando nos preparamos e corremos atrás das oportunidades com persistência. Eu, na verdade, não dei a mínima para o 'não' e persisti no meu objetivo, absorvendo a rejeição como parte do processo, vendo cada 'não' como uma clareza do caminho a seguir. O 'não' é o 'sim' atrasado, repito isso para todos que me dizem terem tido os próprios avanços negados. O segredo quando se ouve um 'não' é mudar a estratégia até que venha o 'sim'. Garanto que, se persistir sem teimar, o 'sim' virá.

● ● ● PERSISTIR SEM TEIMAR

Numa palestra na Europa, um líder que admiro muito, o Patrizio Paoletti, fundador da fundação que leva o seu nome, me fez esta pergunta: Qual a diferença entre persistir e teimar? Na hora, me veio à mente a imagem de uma pessoa andando em círculos, sem parar. Uma pessoa aparentemente focada. *On, and on, and on*. Sem dúvida, ela pode estar determinada, mas o fato é que o seu caminho circular, percorrendo a mesma linha incessantemente, não a levará a lugar algum. Teimosia é isso. O teimoso não desiste, mas anda em uma rota que não o leva à meta nenhuma. Ele segue os mesmos passos já dados e não observa as mudanças necessárias ao seu redor.

Ao contrário do persistente, que tem foco no objetivo final. Ele sabe aonde quer chegar e, para conseguir isso, faz as mudanças e os ajustes necessários ao longo do trajeto. Incessantemente. Sem ego, sem apego às suas ideias "geniais". Com humildade para aprender e ciente de que o caminho do sucesso tem erros e acertos. Ciente de que sempre terá quem o apoie e quem o desestimule. Entendendo que existe gente do bem e outras nem tanto. O persistente tem bons colaboradores, ideias que podem ser quebradas e conceitos que precisam ser repensados. Ele foca no resultado final, não tem medo de se reinventar quantas vezes for preciso para sempre poder continuar, pois sabe que chegará aonde quer. Teimosia equivale a cumprir tarefas. Persistência é visão.

DÁ PARA COMEÇAR SEM TEMPO E SEM DINHEIRO?

Um engano que ainda ronda a cabeça de quem não consegue tirar o negócio do papel é a crença de que somente os nascidos em berço de ouro, ou com conexões especiais no mundo dos negócios, ou com grandes fundos de investimento e bancos apoiando sua ideia conseguem ter negócios de sucesso. Não é verdade. O ucraniano Jan Koum, por exemplo, CEO e cofundador do WhatsApp, sobrevivia com ajuda do governo e tíquetes de refeição. Com 450 milhões de usuários em todo o mundo, o aplicativo foi vendido para o Facebook em 2014 por US$ 19 bilhões.

A classe social não é mais determinante para um negócio de sucesso, mesmo no Brasil. É possível lançar mão de muitos recursos para conseguir fundos sem risco, por exemplo. Um deles é o *crowdfunding*, o financiamento coletivo, para praticamente qualquer tipo de iniciativa, algo impensável algumas décadas atrás. A Kickante foi criada exatamente para dar aquele empurrão a projetos que precisam de recursos. Montamos uma mecânica que faz com que seja possível começar a arrecadar fundos para o seu projeto em poucos minutos. Portanto, nem mesmo a falta de dinheiro é um impedimento para iniciar um projeto no mundo atual! Empresas e produtores pequenos podem ser bem-sucedidos se conseguirem se organizar e não fugirem do trabalho duro.

Outro bloqueio que acomete muita gente prestes a iniciar um projeto é a crença de que só é possível começar um projeto se tiver tempo totalmente disponível para ele. A realidade: pelo menos no início, a sua ideia não precisa ser um trabalho em tempo integral. Até porque neste livro não falamos apenas de negócios. Seu projeto, por exemplo, pode ser fazer um projeto social com moradores de rua durante o inverno. Ou gravar seu primeiro álbum. E, apesar de todas esses detalhes precisarem de tempo e esforço, também podem ser algo a que você se dedica nas horas em que estaria vendo televisão, saindo para passear ou navegando na internet (você sabe o tempo que gasta com isso). Sempre brinco que já deixamos os donos do Facebook ricos o bastante, que tal começarmos agora a usar o poder da internet para fazer nosso negócio deslanchar?

Seu projeto, então, pode até ser um plano B, que você toca em paralelo com seu emprego atual, à noite ou de manhã, antes de ir para o trabalho. É possível começar pequeno e ganhar confiança aos poucos. O mundo mudou e tem tornado isso cada vez mais possível. Pense nos tantos recursos que vieram com a internet e a tecnologia que estão disponíveis para todos.

Hoje ainda temos as redes sociais como fortes aliadas. Com elas é possível alavancar seu negócio com a publicação de posts gratuitos ou que custam pouco, conquistar parcerias e clientes, além de ganhar visibilidade em rede mundial. Sem precisar sair de casa!

Na nova ordem dos negócios há muito mais oportunidades. Entre o nada e um começo pequeno, fique com a segunda opção. Comece pequeno, e faça a energia se movimentar. Eu costumo usar como exemplo o tópico constante da destruição do meio ambiente. Pensar em resolver os problemas ambientais como um todo é assustador. *Too big, too fast.* Muito grande, muito rápido. Sabemos, antes mesmo de começar, que será impossível terminar.

No entanto, se pensarmos no exercício diário que cada um de nós pode fazer para cuidar do meio ambiente no dia a dia e em casa, a situação já muda. São as pequenas ações, como deixar de usar sacola plástica quando vamos ao supermercado até separar o lixo para reciclagem. O que nos move ao não usarmos a sacolinha, por exemplo? É saber que podemos, com esse ato, evitar que uma tartaruga ou uma baleia – que estão muito distantes de nós – sufoque com o plástico que nós mesmos pagamos para usar em casa e depois descartamos.

Talvez, do outro lado do mundo essa baleia seja sufocada por outro saco plástico, mas naquele momento você tomou a decisão de que não seria o seu. Assim, já começou a ser parte da mudança e a fazer a diferença. Um ato minúsculo diante do tamanho do problema, mas que nos faz enxergar a possibilidade de um resultado grandioso lá na frente.

Foi assim com Estevão Ciavatta. Produtor de cinema e TV, decidiu que precisava ouvir seu chamado e reflorestar o Brasil. O país é grande, e as forças contrárias são enormes. Ele começou com uma floresta local, uma campanha de captação na Kickante e, poucos anos depois do lançamento, já havia criado um movimento que replantou 30 mil árvores no nosso país. Ainda há muito a fazer? Sim! No entanto, o propósito principal do seu projeto deve ser o primeiro passo. Quer ser um influenciador digital? Que tal começar inspirando seus primeiros cem amigos seguidores?

MENTE FORTE *VERSUS* DECISÕES FRACAS

É importante deixar claro que não existe o *business* do "fácil demais". No meu contato com empreendedores e grandes realizadores de projetos, percebi um traço em comum entre todos eles. O que diferencia quem nunca teve coragem de sequer cortar relações destrutivas, daquele que persistiu e foi até o fim com projetos de visibilidade nacional? Clareza mental.

Quando não estamos com clareza mental em relação ao nosso projeto, deixamo-nos levar pela opinião dos outros, desistimos diante do primeiro obstáculo. Quando, porém, estamos com a estrutura mental mais forte, assumimos riscos calculados e confiamos que estamos no caminho certo. Então, lançamos mão da coragem, determinação e confiança em nós mesmos.

A clareza mental engloba padrões que possibilitam formas organizadas de elaboração do pensamento, o tornando mais produtivo, criativo e com mais capacidade de raciocínio e reflexão. Além disso, evita que você se compare aos outros com frequência, pois percebe justamente que a trajetória ou sucesso do outro não tem absolutamente nada a ver com o seu caminho. Note que tive o cuidado de descrever estados da estrutura mental, e não noções definitivas da mesma, pois já vi grandes se tornarem pequenos e pequenos se tornarem grandes. A boa notícia: se ainda não conseguiu tirar seu projeto do papel e se vê parte do grupo que é influenciado pela negatividade alheia, é aí que seu estado mental pode mudar. Depende inteiramente de você. Até o final deste livro, trocaremos ferramentas variadas que o ajudarão a chegar lá. Clareza mental não tem a ver com ter sucesso o tempo inteiro. Ele está relacionado com a forma como você lida com os fracassos.

Você sabia que nem Bill Gates e Albert Einstein escaparam do fracasso? A primeira empresa do Bill Gates não foi para a frente e o físico que propôs a teoria da relatividade, ganhador do Prêmio Nobel de física de 1921, Albert Einstein, foi rejeitado na faculdade.

No seu livro, *Dear Stranger, Letters On The Subject Of Happiness* [Caro estranho: cartas sobre a felicidade], Richard Branson, um dos mais bem-sucedidos empreendedores do nosso tempo, fala sobre a estrutura mental e como isso influencia o sucesso dos seus empreendimentos:

> NÃO HÁ PROBLEMA EM FICAR ESTRESSADO, TER MEDO OU SENTIR-SE TRISTE. EU CERTAMENTE JÁ SENTI REPETIDAMENTE ESSAS EMOÇÕES NOS MEUS 65 ANOS. TIVE DE LUTAR CONTRA OS MEUS MAIORES MEDOS CONSTANTEMENTE.

O MEDO TEM A EXTENSÃO DE UM SEGUNDO

Coragem não é pular de paraquedas, coragem vem antes disso. Coragem é desafiar nosso medo anterior. Recordo que em 1997, quando estava caminhando para as torres gêmeas em Nova York — antes do atentado que as derrubou —, em direção ao meu primeiro estágio profissional internacional, com 18 anos, me deparei com o medo tomando conta da minha mente, das minhas certezas, do meu corpo.

Afinal, o medo tem características físicas. Nossa fala muda, nossas mãos suam, nosso corpo se sente mais fraco. É como se o nosso corpo estivesse dizendo: "Não fale nada, não toque em nada, não vá para lugar nenhum. Fique aqui, quietinha, porque você não sairá a mesma dessa empreitada". E o medo está certo. Não sairemos os mesmos, realmente. No entanto, é nesse ponto que vale a pena seguir.

Lembro que tentei comprar um Metrocard, o tíquete da época para usar o metrô, e não entendia o que a atendente me dizia. Ela falava muito rápido, com o famoso sotaque nova-iorquino, e eu dizia aquela frase que aprendemos na primeira aula do curso de inglês:

"I don't understand". Ela repetia, e eu também. A fila atrás de mim aumentava, e as pessoas reclamavam, gritando. Enfim, não consegui comprar o bilhete, desisti e decidi andar até as torres. Foi uma hora de caminhada para pensar: "Meu Deus, se eu não entendi sequer a moça do metrô que não espera nada de mim, como vou me virar em um estágio em que as pessoas esperam que eu me comunique?". A cada passo o medo aumentava, mas a cada passo eu também decidia continuar e me dizia: "Se eu chegar às torres e não me sentir bem, volto e peço para retornar ano que vem".

Então cheguei às torres. O frio na barriga, as pernas trêmulas, o medo de não conseguir entender nada que dissessem e a vontade de desistir. Foi então que eu me disse uma frase que me acompanha até hoje: "O medo tem a extensão de um segundo". Eu estava com muito medo de errar por não conseguir me comunicar, e principalmente com medo do ridículo. Naquele momento, porém, eu percebi que, se eu desse apenas aquele um passo entre a porta e o porteiro anunciando o meu nome, eu já estaria na situação e teria de lidar com ela, ao invés de lidar com o medo. Tudo isso que me amedrontava, iria embora. E foi isso que fiz.

Hoje sei que se nós nos agarramos a esses instantes de pavor, fica difícil se livrar deles. Contudo, se os desafiamos, eles vão embora no espaço de um segundo, pois não têm onde se segurar. Eu tinha 18 anos nessa época; hoje, vinte anos depois, ainda uso essa mesma autoconfiança quando a insegurança bate. Tomar consciência disso mudou a minha vida.

COMIGO FOI ASSIM

DE ENGENHEIRO FLORESTAL A PRODUTOR DE SUCESSO NA REDE GLOBO, CINEMATÓGRAFO E CRIADOR DE FLORESTAS ETERNAS

DEPOIMENTO: ESTEVÃO CIAVATTA

Como eu era muito bom em Matemática, Física e Biologia, acabei entrando na faculdade de Engenharia Florestal. Mas alguma coisa me dizia que não era por ali que eu deveria seguir minha carreira. Eu precisava me aproximar das pessoas e, com aquele movimento de ir para a Engenharia Florestal, estava fazendo o contrário, me retirando um pouquinho do mundo. Depois de algum tempo, vi que era isso mesmo que eu devia fazer: me comunicar.

Decidi largar a Engenharia para fotografar e acabei me encontrando no cinema. Percebi que o set de filmagem era um lugar em que eu me sentia à vontade e segui neste caminho até virar diretor. Trabalhei na Rede Globo por um tempo e, quando estava muito bem colocado na emissora com produções de grande sucesso nacional como o *Brasil Legal*, senti que devia ir mais além, dar um passo rumo à minha independência. Queria liberdade para criar e produzir meus filmes e minhas ideias, o que também era um sonho dos tempos de faculdade. E corri atrás disso.

No ano 2000 fundei a Pindorama Filmes. Foi muito duro porque eu não tinha nenhum *background* de empreendedor na minha família, na faculdade de cinema não se ensina isso e a legislação do país também não ajuda. Acabei quebrando um pouco a cara, quase fali, mas consegui segurar a onda e hoje a Pindorama já tem 17 anos.

Com o tempo senti falta de ações mais efetivas. Mesmo fazendo séries documentais sobre cidadania e meio ambiente que promoveram importantes mudanças de hábito no país, eu queria mais.

Veio então a ideia da campanha Dá Pé, eu queria reflorestar o Brasil! O Dá Pé é um daqueles projetos onde eu me realizo plenamente, ele deu sentido para a minha retórica audiovisual, colocou meu trabalho no mundo de uma maneira muito concreta. Tem coisa melhor que plantar florestas eternas?

Ter virado um *tree begger* foi muito educativo. Captei orçamento via Kickante para plantar mais de 30 mil árvores no Brasil em dois anos. Ter sucesso nas duas campanhas demandou muito esforço, planejamento e, principalmente, um propósito claro. Pedi, pedi, pedi e pedi para que as pessoas participassem deste sonho, que vai além de mim. Ele nasceu no meu coração, mas hoje ele vive nas florestas do nosso país. Precisei me despir das minhas vaidades, do meu ego e me colocar numa posição frágil, como um pedinte. Mas não numa posição de inferioridade! Isso é importante: é como uma oportunidade de convencer as pessoas da força de uma causa, para pedir dinheiro a alguém você tem de ter bons argumentos.

Pronto, estava fechado o ciclo da Engenharia Florestal para o cinema: comunicando com propósito, plantei uma floresta!

CAPÍTULO 4

VAMOS ENTRAR NA ERA DA EXECUÇÃO

CHEGOU A HORA DE SAIR DO PLANO DAS IDEIAS E COmeçar a planejar. Quer crescer sua *startup*, apresentar uma nova ideia no mercado, mudar de país de maneira estruturada, publicar um livro ou lançar sua música? A intenção aqui é desvendar a executividade atual do seu real sonho, aquele que representa a marca do sucesso para você, e dar comigo os primeiros passos para sua realização - seja de maneira integral ou como renda-extra. Não importa se o seu sonho é grande ou pequeno, o que importa é que, quando realizado, ele te faça sentir completo e feliz.

Começamos esta busca com cinco perguntas iniciais simples. Estas perguntas trazem clareza mental e estruturam o seu sonho em etapas. Se você tem mais de um sonho, estes passos te ajudarão a priorizar cada um deles. São perguntas que deram corpo a todo projeto que já fiz - desde a Kickante a livros e projetos humanitários.

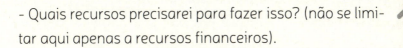

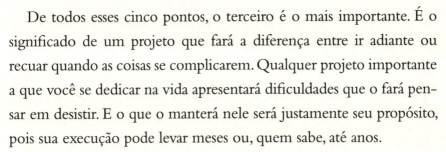

- Em que fase estou em relação a este projeto?

- O que desejo alcançar com ele?

- Por qual motivo desejo fazer isso?

- Quais recursos precisarei para fazer isso? (não se limitar aqui apenas a recursos financeiros).

- Quando gostaria de estar vivendo este sonho?

De todos esses cinco pontos, o terceiro é o mais importante. É o significado de um projeto que fará a diferença entre ir adiante ou recuar quando as coisas se complicarem. Qualquer projeto importante a que você se dedicar na vida apresentará dificuldades que o fará pensar em desistir. E o que o manterá nele será justamente seu propósito, pois sua execução pode levar meses ou, quem sabe, até anos.

Mas o que é exatamente esse propósito? Cuidado de novo aqui com influências de terceiros. O seu propósito está dentro de você, ele é do tamanho do seu sonho.

No meu caso, sete anos atrás, eu era uma executiva de negócios internacional muito bem-sucedida. Desde os 23 anos, já liderava mercados globais para grandes empresas norte-americanas e europeias. Contudo, algo não parecia certo. Ao trabalhar com artistas, eu notava que o talento real não se traduzia em oportunidade. Ao configurar unidades do negócio em todo o mundo, presenciei *start-ups* que prosperavam com serviços e ofertas de parceria nos países desenvolvidos, mas eles não estavam no grande jogo do mundo em desenvolvimento.

Então, um dia, na Índia, sentada enquanto eu tentava ajudar uma ONG local a profissionalizar sua captação de recursos, vi uma criança dormindo no chão e, de repente, um rato passou ao seu lado. Eu olhava para essas pessoas gentis, tentando o melhor para fazer a diferença no mundo. Eu estava captando centenas de milhões para ONGs em todo o mundo, mas sabia que esta ONG não conseguiria tornar-se sustentável. Afinal, é preciso gastar dinheiro para arrecadar dinheiro. Em qualquer lugar do mundo.

A imagem daquela garota dormindo com os ratos nunca deixou minha mente. Eu me senti infeliz por não poder ajudá-la. No entanto, sem dizer uma palavra, ela me mandou uma mensagem. Disse que eu tinha de aprofundar meu papel no mundo e nesse problema. Ela me disse que, apesar de fazer muito, simplesmente não estava fazendo o suficiente.

Embora nem todos os sonhos tenham caráter social, a Kickante nasceu dessa angústia e desse propósito. Há muito sofrimento no mundo. Há também muitas oportunidades de negócios perdidas. Muitos artistas que não têm chance. Livros não escritos. Bibliotecas não finalizadas. Mulheres desrespeitadas. Homens forçados a um emprego de que não gostam para alimentar a própria família. E não é porque as pessoas que nos rodeiam não se importam. A maioria das vezes é porque simplesmente não sabem como ajudar ou quão simples pode ser executar.

Muita gente acha que o brilho nas pessoas capazes de mover montanhas é característico a um certo grupo de indivíduos, pessoas diferentes, especiais, semideuses. Mas essa mistificação do sucesso é perigosa. As características das pessoas que vivem seus sonhos podem ser replicadas e copiadas por qualquer pessoa interessada. E você vai saber como.

U-TURN

Você pode seguir o caminho errado por muito tempo, mas quando decidir dar a volta, fazer seu *u-turn*, começará a enxergar à sua volta oportunidades, ferramentas e até pessoas abrindo o caminho para você e possibilitando o seu sonho. Eu especificamente iniciei esta seção usando a palavra "dar a volta" em inglês, *u-turn*, pois ela nos remete a uma tradução literal "você-turn". Retornar a você.

Não deixe que a vida que levou até agora o defina mais do que a vontade de ser quem você quer ser. Se ainda não sabe bem o que fazer ou por onde começar, siga o método e exercícios apresentados aqui que encontrará. Não basta ler o livro, é preciso seguir o método apresentado, nem que para resolver alguns pontos você precise de meses ou — quem sabe? — até anos para realizar.

Eu particularmente estou sempre estudando a viabilidade de diferentes sonhos ao mesmo tempo, alguns para realização em meses, outros anos. Recomendo o mesmo. Faça uma lista. Cheque a cada seis ou doze meses suas novas respostas às cinco perguntas que trabalhamos no começo do capítulo. Defina o que apresenta a melhor situação para execução em cada momento, mas jamais deixe de continuar analisando aos poucos a execução dos seus sonhos. Você nunca sabe quando as circunstâncias ideais para um certo sonho acontecerão. Melhor estar preparado, não é mesmo? Sabe aquela ideia difundida principalmente pelos que não querem correr atrás dos seus sonhos, aquela ideia que diz que quem alcança o sucesso teve, tem ou "já nasceu com" sorte? Eu não acredito em sorte.

É preciso ter estratégia e direção. Organização, para execução, é a diferença entre sair do papel, ou entrar no buraco.

O JEITO HOLANDÊS DE SER

Moro na Holanda há quase uma década. Não foi uma adaptação fácil sair de Nova York, onde vivi a maior parte da minha vida adulta, para viver em Amsterdam. Aprendi, porém, rapidamente a admirar e amar este povo. Os holandeses são pessoas extremamente organizadas. Eles planejam toda a semana com no mínimo um mês de antecedência, muitos planejam até mesmo os dias em que farão sexo com seu cônjuge. É esperado aos filhos marcarem estes *afspraaks*, horário marcado antecipadamente na agenda, até mesmo para visitarem seus pais morando na casa ao lado. Quando existe um encontro às 14 horas, se você chegar 14h10 já é considerado atrasado. Pode até haver mudanças no cronograma, e muito raramente há, o planejamento existe e todos respeitam.

Com tanto planejamento e estrutura, não deverá se surpreender ao saber que a Holanda tem a posição do segundo país mais produtivo do mundo, de acordo com o estudo Variáveis do Crescimento Sustentável da KPMG, que ranqueia 181 países exatamente no quesito produtividade. O Brasil se encontra na posição 94, atrás dentre eles da República Dominicana, Samoa, Ruanda, Botswana, México e Kazakhstan[2].

Para mudar esta situação para você, e ajudar no seu planejamento com definição de prioridades claras, use a *The Wheel of Life,* ou Roda da Vida. Esta é uma poderosa ferramenta para avaliação pessoal que ajuda a revisar todos os aspectos da vida. Eu uso essa estratégia tanto para organizar o início de um projeto quanto para ajustá-lo ao longo do caminho. Essa Roda da Vida ajudará você a refletir sobre as suas

---

2. Disponível em: https://home.kpmg.com/content/dam/kpmg/uk/pdf/2017/01/kpmgs-variables-for-sustained-growth-2016-index.pdf. Acesso em jul. de 2017.

prioridades e sobre como usar seu tempo nas diversas áreas da vida: carreira e trabalho, finanças, intelecto, família/amigos, relacionamento, saúde, lazer, crescimento pessoal/espiritualidade. Ao dar uma nota de como está se saindo em cada categoria, você fará uma reflexão sobre como tem agido e aonde deseja chegar.

A RODA DA VIDA

A Roda da Vida é uma ferramenta fundamental que me ajuda a refletir sobre minhas prioridades e equilibra minhas expectativas. Recomendo esta ferramenta principalmente por permitir a você uma visão honesta sobre as diferentes áreas da sua vida, pessoal e profissional. Uso a palavra honesta pois a Roda da Vida te forçará a aceitar e encarar de frente as áreas da sua vida que você precisará deixar como segundo ou terceiro plano, a cada momento que se dispor a planejar a mesma. Decidir antecipadamente, por exemplo, que amigos ou o trabalho atual ficarão para escanteio por um certo período, de maneira consciente e estruturada não é fácil. Porém, isso permitirá a você a tranquilidade e espaço mental para focar no que definir como prioridade para si, durante este mesmo espaço de tempo. O mais importante? Sem conflitos. É no conflito que a produtividade cai, é no conflito que a pessoa se enrola e que os objetivos são perdidos. Ter clareza mental e aceitação do peso prioritário dos diferentes elementos na sua vida, é um dos maiores favores que você poderá fazer a si mesmo. Nem sempre o que mais toma nosso tempo é o que deveria ou poderia. Essa ferramenta o ajuda a avaliar exatamente isso.

O final do ano de 2015 e início do ano de 2016, por exemplo, foi difícil para mim como fundadora da Kickante, pois encontrei o meu

DIP, que é o conceito de ir ao fundo do poço, e não só não desistir, como encontrar saídas ainda melhores para um problema. Esta é uma questão importantíssima da qual falaremos em detalhe no Capítulo 5.

Precisei viajar todos os meses para o Brasil e rapidamente percebi que estava fora de equilíbrio, sem tempo para cuidar de mim ou dos meus relacionamentos pessoais, tive de optar entre usar o pouco tempo que me sobrava para ficar com minha família e abdicar de fazer exercícios e ver amigos por um certo período de tempo, por exemplo. Aceitei a situação como temporária para tomar conta de outra área da minha vida, que precisava de maior atenção naquele momento, sem algum conflito e com total apoio das pessoas ao meu redor. Organizar suas prioridades e ter clareza mental tem disso: as pessoas acompanham você no seu plano.

RODA DA VIDA

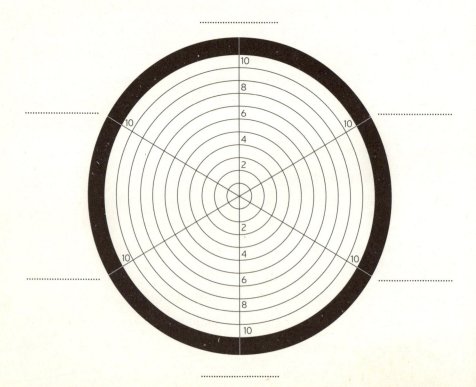

Para fazer a avaliação, você preenche cada área mais importante da sua vida. Digamos no meu caso, neste momento atual, seria: Kickante, Família, Ginástica, Espiritualidade, Amigos, Cultura e Entretenimento, Ler livros, Projeto humanitário. Procure identificar quais segmentos o faz mais feliz, merecem mais a sua atenção, ou estão tomando toda a sua produtividade. Depois você dá uma nota de 0 a 10 para cada item, quantificando o tempo investido em cada um deles no momento, sendo 10 a maior quantidade considerável de tempo. Ligue os pontos. Usando uma caneta de outra cor, repita o exercício, agora identificando quanto tempo você gostaria (ou deveria) gastar em cada um deles. Recomendo incluir tempo em mídias sociais como um dos itens da Roda da Vida (bons entendedores, entenderão). Ao final, perceba quais elementos estão fora de equilíbrio. Escreva então:

1. O que devo começar a fazer ou investir mais horas para viver da maneira que desejo.

2. O que preciso para reequilibrar o tempo gasto.

3. O que devo parar de fazer, seja completamente ou delegando para outra pessoa.

Esse é o poder da Roda da Vida: ela lhe dá clareza mental sobre os diversos aspectos da sua vida, e lhe dá também objetividade de que não poderá fazer tudo ao mesmo tempo bem. Trata-se de uma ferramenta importante de reflexão dos estímulos à sua volta. É bom ressaltar que não se trata da mesma Roda da Vida utilizada pelos budistas. Aqui o objetivo é ajudar a definir metas e identificar como você está gastando seu tempo e quão satisfeito está nas diferentes áreas da vida. Munido de tudo isso, é hora de tomar conta do seu destino e começar a trabalhar no seu projeto. Chegou a hora de colocar a mão na massa!

CAPÍTULO 5

O INÍCIO DA JORNADA PARA O SUCESSO

HÁ APENAS SETE ANOS, QUANDO LIDERAVA GRANDES empresas nos Estados Unidos e Europa, eu não sabia que esse movimento coletivo crescia ao meu redor. Como todo movimento que veio para mudar o mundo, ele nasceu calado, nas esquinas da vida, e ganhou espaço no dia a dia das pessoas.

Eu me recordo de que naquela época eu queria fazer projetos sociais, mas não sabia por onde começar. Eu queria escrever livros. No entanto, ir a uma editora me parecia amedrontador, e mais, por que publicariam uma obra minha quando existem tantos outros escritores por aí? Eu queria mostrar ao mundo minha fotografia, mas como?

Naquela época, eu não conhecia esse mundo vibrante, onde qualquer um pode tirar seu projeto do papel com a força do coletivo e do marketing digital. E, com isso, meus projetos ficaram parados. Hoje, não só estou à frente de uma *startup* de sucesso no Brasil, líder do movimento coletivo na América Latina, mas também sou autora, mostro minha fotografia por meio do ativismo social e faço trabalho humanitário levando arte para crianças refugiadas na Holanda, onde hoje resido.

Para todos esses projetos, não precisei convencer um único decisor, mas tive de encontrar meu nicho, pessoas que pensam como eu, e mostrar a elas o que eu desejava tirar do papel e perguntar se estavam dispostas a fazer isso comigo. Em todas as situações, a resposta foi positiva. Com os métodos apresentados neste livro, você também poderá se transformar em uma verdadeira fábrica de sonhos. Note que alguns destes sonhos são grandes, outros pequenos. Alguns têm fins lucrativos, outros não. Mas isso não importa.

Antes de começar, gostaria de tranquilizá-lo lembrando-o de que aqui não encontrará jargões ou palavras marqueteiras. Acredito em descomplicar o complicado. Isso nos ajuda a agir e perder menos tempo com métodos embelezados, reservados para aqueles que acreditam que precisam colocar uma marca ou um selo de aceitação nas suas atividades. Estou aqui para dizer que você não precisa disso. Meu dia a dia é simples, é um dia a dia de trabalho em que nenhuma palavra que uso surgiu no dicionário há menos de dez anos. E, ainda assim, criei uma empresa premiada que está mudando o mundo e também a maneira dos meus concorrentes fazerem negócios. Mais do que isso, tenho uma carreira muito bem-sucedida há 20 anos. Acredito que isso é todo selo de que precisamos.

Não imito a maneira como os norte-americanos fazem, de acordo com livros ou viagens de imersão. Os Estados Unidos são minha segunda casa, já empreguei muitos deles, e já fizemos história juntos. Sempre me surpreendo quando vejo processos que minha avó usaria sendo divulgados e vendidos com um nome moderno, embalados para venda e dificultando a democratização das oportunidades. Repito: nunca se sintam desconfortáveis por não saber um termo ou uma ideia nova de trabalho em grupo surgida no mercado; é impossível acompanhar isso tudo se estiver de fato trabalhando duro na sua ideia. *Just do it.* A melhor frase no mundo para tirar projetos do papel ainda é: arregace as mangas e coloque a mão na massa. Funciona sempre. E é provavelmente também a única frase de que você precisa.

●●● OLHE PARA DENTRO

Precisamos, antes de tudo, ter muito clara a nossa motivação principal. Por que você deseja transformar este sonho em realidade? Não o *como*. Não o que *ganhará com isso*. O **por quê**. Tirar seu sonho do papel mexerá com todas as suas emoções. Algumas boas, mas a maioria tirará você da sua zona de conforto. Vale mesmo a pena? Anote seu propósito em um papel, e entenda que ele poderá mudar com o passar do tempo. Você precisará recorrer a esta anotação algumas vezes no futuro. Não a perca. O seu por quê não precisa ter impacto social: inovar ajudando pessoas a salvar as baleias, influenciar a arte do seu tempo. Poderia, mas não precisa. O sonho é seu e ele deve ter a cara que você desejar. Se o seu propósito com seu sonho for virar celebridade nacional, ou ficar milionário até os 50 anos, ou trabalhar de casa, da praia ou de uma casinha de sapê - então é isso mesmo que deverá anotar. Passe algum tempo pensando nisso e indo fundo nos seus desejos.

●●● QUESTIONE SILENCIOSAMENTE

Depois de identificar o seu real propósito, é hora de questionar silenciosamente — perguntar em silêncio. Chegou a hora de conversar com pessoas que tiveram experiências bem-sucedidas ou negativas tentando dar futuro a um sonho parecido ao seu. Essa é uma fase importante, pois se souber fazer, terá uma espécie de *coaching* gratuito e coletivo. Porém é também uma fase perigosa, pois a maioria dos sonhos morrem aqui, e (atenção) não por falta da possibilidade de viabilidade da mesma - mas tão simplesmente devido ao medo paralizador do outro.

O silêncio do perguntar silenciosamente também não está relacionado à confidencialidade, mas ao perguntar e depois calar, para que possa ouvir mais do que falar. Bem mais. Muitas vezes quando iniciamos a trajetória a caminho do nosso sonho, estamos tão apaixonados pela ideia, que queremos contar a todos porque ela será muito bem-sucedida e queremos defendê-la quando alguém diz que não alcançaremos nosso objetivo. Não faz sentido. O mundo está cheio de pessoas que veem apenas dificuldades até onde o sim é certeiro.

Antes de lançar a Kickante, eu conversei diretamente com mais de trezentos criadores de campanha de financiamento coletivo no Brasil e Estados Unidos. Queria saber se a experiência havia sido positiva, como tinham se sentido aqueles que não alcançaram suas metas, o que faltava no financiamento coletivo de acordo com suas experiências. Certamente, se eu houvesse dito naquele momento que iria criar uma plataforma revolucionadora no Brasil, a maioria teria me dito que já existiam outras, como é difícil empreender no Brasil e se eu não tinha uma outra ideia mais simples, ao invés desta. Eu sabia de tudo isso. No entanto, também sabia que traria inovações que o mercado precisava, assim como conhecia meu potencial de execução devido à minha bagagem executiva. Explicar tudo isso, o tempo todo, para cada pessoa que encontrasse não só seria cansativo, mas também desanimador. Ciente disso, questionei em silêncio e aprendi com as respostas mais objetivas, e menos medrosas, do outro. E parti para o plano.

●●● TRACE UM PLANO MICRO

A ideia de que o criativo, inovador ou empreendedor é desorganizado já está ultrapassada. O desorganizado é desorganizado. Quando estruturada a mente, a produtividade é maior e a criatividade encontra um espaço mais propício para crescer. No entanto, note que não falo aqui da bagunça de sua casa ou da mesa do seu escritório, mas da organização de sua agenda e de clareza mental. Hoje o mundo está repleto de distrações. Muito cuidado com isso. O próprio Steve Jobs, criador do smartphone, era um pai *low-tech* que pouco permitia a seus filhos acesso a eletrônicos.

Existem hoje diversas ferramentas para organizar seu dia. Você pode ter um calendário on-line ou no *smartphone*, uma lousa no escritório, ou usar pastas do e-mail sincronizando-as com a agenda. Já expliquei antes que sou simples, uso o calendário do meu celular. Funciona muito bem para mim. O importante é que o seu planejamento tenha horas claras de começo e término para cada tarefa, hora de descanso mental e principalmente que ele seja realista! A partir do momento que você organiza seus passos, seu projeto começa a tornar-se real. Você vê, então, que tirar seu projeto do papel é, na verdade o trabalho de executar tarefas claras e predefinidas. Sai da grandiosidade do sonho, e começa a atuar no micro, em cima de tarefas simples e predefinidas.

●●● VAI DAR ERRADO ANTES DE DAR CERTO

As coisas dão errado antes de darem certo, pode acreditar. Todo mundo que tenta alguma coisa primeiro encontra as pedras no caminho, e é quando aprende a pular essas pedras que começa a avançar.

Lembro quando me formei em Administração e Comércio Exterior. Eu queria entrar no processo de *trainee* das multinacionais que chegavam ao Brasil na época. Apliquei para todas, não passei em nenhuma. Aparentemente naquela época, os programas de *trainee* não contratavam pessoas fora do eixo Rio–São Paulo, e lá estava eu, adolescente, baiana da gema, com ambições de *gente grande*. Eu me perguntava o por quê, já que tinha experiência internacional, falava quatro idiomas, boa formação e principalmente muita vontade, mas persisti por outros lados: fui direto à fonte. Apliquei para estagiar nos Estados Unidos e pouco tempo depois, comecei a estagiar em uma empresa norte-americana, em Nova York, e em apenas seis meses depois já era diretora internacional da empresa devido a meu trabalho e excelentes resultados. Assim nasceu minha longa trajetória internacional: do 'não', e da persistência.

O 'não' é o 'sim' atrasado, é só persistir sem ego que um dia o 'sim' chega. Quando você se deparar com o receio de seguir, de tentar de novo, de ser negado, lembre-se que na realidade o 'não' você já tem.

Outro caso muito interessante é o do João Carlos Figueiredo, que há sete anos tentava e não conseguia lançar seu livro. Ambientalista, poeta, indigenista e fotógrafo amador, ele queria contar as histórias de sua expedição de 99 dias a bordo de uma canoa no Rio São Francisco. No entanto, todas as editoras que procurou lhe disseram que o livro não tinha mercado. Até que encontrou a Kickante e com um *crowdfunding* conseguiu, em 60 dias, o dinheiro para a publicação independente e hoje seu sonho foi realizado. Figueiredo não conhecia nada sobre *crowdfunding*, mas, quando as editoras e os possíveis patrocinadores fecharam-lhe as portas, ele resolveu tentar mais uma vez.

Sim, água mole em pedra dura tanto bate até que fura, mas isso não é porque a água é teimosa. É porque a água avança. Cada batida da água na pedra a modifica um pouquinho mais. Assim é com nossos sonhos. Cada passo que damos, mesmo que imperceptível aos olhos dos outros, é um avanço no nosso próprio desenvolvimento, é um aprendizado. O não é um sim atrasado, lembre-se sempre disso. E o ego é inimigo da execução.

O conceito do DIP, difundido pelo empreendedor e marketeiro americano Seth Godin, é um dos mais importantes para quem quer tirar um projeto do papel. O DIP é representado por uma imagem mais ou menos assim:

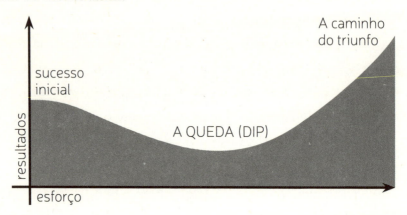

O DIP é aquele momento em que as coisas simplesmente vão para o sul. Você tentou de tudo, e estava até tendo algum sucesso, mas de repente tudo mudou. Aquele contrato que fechou está demorando para ser assinado, o sócio que estava indo muito bem teve um problema sério emocional, o fornecedor entrou em greve, ou nada parece funcionar. Entenda que a partir do momento que tirar seu sonho da mente e começar a dar-lhe corpo, ele se torna uma entidade viva, e tudo pode acontecer. Abraçar o DIP e saber que ele virá te visitar uma ou mais vezes é primordial para a longevidade do seu projeto.

Ao se encontrar no seu DIP, reinicie o processo de alinhamento da sua ideia. Olhe para dentro, pergunte silenciosamente, e persista na execução. A grande oportunidade do DIP está em recomeçar o seu projeto no meio do caminho, com maior conhecimento e maturidade do que quando o iniciou. Grandes vitórias costumam esperar aqueles que conseguem ultrapassar o DIP. Costumo dizer que é neste momento verdadeiramente que se forma o empreendedor de sucesso.

QUEM TEM MEDO DO LOBO MAU

É irreal esperar alcançar o sucesso na primeira tentativa, sabemos disso. E ainda assim a maioria das pessoas desanima, a ponto de se convencer que seu projeto não tem futuro, diante da primeira dificuldade. A própria Coca-Cola vendeu apenas 25 garrafas do refrigerante no seu primeiro ano! Nunca desista. Os brasileiros, ao contrário dos norte-americanos, tendem a sofrer muito com as possibilidades do fracasso. São mais cautelosos, arriscam-se menos e, ao considerar a ameaça de dar errado, encolhem-se diante da possibilidade de serem vistos como ridículos.

Esse medo de fazer papel de tolo está associado ao medo do não, à importância enorme que muita gente dá à opinião alheia, ainda que o palpite não venha embasado por um conhecimento específico sobre o assunto.

O medo vem da obrigatoriedade da perfeição. Você foge de uma situação para evitar o vexame. Há quem estude uma língua estrangeira por anos e trave diante de cumprimentar alguém nesse idioma como se nada tivesse aprendido, como se de fato não conseguisse responder.

O objetivo aqui é colocar seus medos em prova e avaliar quais fazem sentido ou não. Vamos usar um exemplo, o medo de falar em público.

Apenas um inconsequente é completamente desprovido de qualquer medo, mas você sabia que, segundo uma pesquisa publicada no Sunday Times em 2013[3], o medo de falar em público supera até mesmo o medo da morte? Entendo a fobia de algumas pessoas de falar em público, mas coloque-se no lugar do espectador. A morte compensa?

Um dos grandes medos de quem quer começar algo novo é a idade para começar. "Ah, se eu tivesse começado antes, quando era mais jovem, teria mais tempo e chances de tornar esse projeto bem-sucedido. Agora já não estou mais na idade de recomeçar...". É como se ser jovem fosse fator determinante para iniciar algo com maior chance de sucesso. Não é. Embora iniciar jovem certamente tem também suas vantagens, iniciar mais tarde traz seus benefícios. Experiência profissional, maturidade emocional e contatos adquiridos ao longo dos anos provavelmente compensarão pela falta de tempo extra devido à família, custos maiores devido a acúmulos materiais adquiridos e menor mobilidade devido às raízes que vamos plantando ao longo dos anos.

Quando me perguntam como tive coragem de deixar cargos seguros em grandes empresas para empreender perto dos 40 anos, eu sempre digo que não há idade para começar, mas vontade de fazer e coragem para trabalhar duro em algo novo que dará real propósito à sua vida.

E não fui somente eu que comecei depois dos 30. J. K. Rowling lançou o primeiro livro do Harry Potter aos 32 anos. Henry Ford fundou a Ford aos 40. Asa Candler começou a Coca-Cola aos 41.

---

3. Speaking in public is worse than death for most. *The Times*. Disponível em: <https://www.thetimes.co.uk/article/speaking-in-public-is-worse-than-death-for-most-5l2bvqlmbnt>. Acesso em: 27 jun. 2017.

Ray Kroc lançou o McDonald's aos 52. Roberto Marinho fundou a Rede Globo aos 60 anos. E essa lista não acaba.

Se você está preocupado com idade, medo do fracasso, do ridículo e tantos outros temores, eu o aconselho a lembrar sempre que o mundo não está mais disponível para mim ou para pessoas bem-sucedidas que você admira do que para você. A vida está disponível para todos e, se começar a olhar para ela como um verdadeiro parque de diversão, você verá que poderá pegar o que precisa para viver a vida com que sonha. Claro que em cada parque tem um tíquete a ser pago, mas é aí que entra o poder que você tem de pagar seus sonhos com seu preparo.

ALGUMAS PALAVRAS SOBRE O LÍDER

Certa vez, eu estava no aniversário do ex-namorado de uma grande amiga minha, em Los Angeles. O aniversariante é um dos maiores investidores da indústria cinematográfica dos Estados Unidos. Ele foi um dos realizadores do filme *Matrix*. Conversando com ele, e com o meu comprometimento de sempre aprender um pouco mais, perguntei o que é liderança. Naquele momento, eu estava revisando o meu modelo de liderança e buscava aprender mais. Ele respondeu: "As pessoas falam muito que o topo é um lugar solitário, e não contesto isso. Mas o que as pessoas não sabem é que o líder sofre".

E ele está certo. Na liderança de qualquer sonho, grande ou pequeno, o líder sofre.

Mesmo que exista um time, é a diretriz interna dos líderes que mantém e alimenta todos à sua volta, e esta constante doação, por vezes irá sugar você. Clareza mental e propósitos decididos servirão como seus maiores aliados na trajetória de transformar o seu sonho em realidade. O líder de sucesso doa sempre um pouco mais da sua certeza e paixão pelo objetivo final, mesmo no meio do DIP e mesmo quando ele já se sente completamente drenado.

● ● ●   COMIGO FOI ASSIM

DO SUCESSO NO CARNAVAL DA BAHIA AO FRACASSO E AO SUCESSO COM AGÊNCIA DE DESIGN E EVENTOS

DEPOIMENTO: ANSELLMO SAZY

Vinte e três anos atrás eu comecei minha carreira musical em Salvador, na Bahia, depois de uma brincadeira na escola em um festival de talentos. Montei a banda de axé music, fizemos centenas de shows, cantamos em trio elétrico; eu estava realizado. Até que, em meados de 1999 surgiu o convite para cantarmos em São Paulo.

Eu e mais dezoito pessoas fizemos a viagem de ônibus e, quando chegamos, que frio! Participamos de alguns programas de TV em rede nacional. Era tudo novo e empolgante, mas depois de dois meses nos demos conta que o dinheiro não vinha, pois não fazíamos shows.

Estávamos instalados num sítio distante da cidade, isolados, sem contato com ninguém além de nós mesmos da banda e numa situação horrível. Dormíamos em grupos nas poucas camas que tinham. As de solteiro eram divididas para três pessoas e as de casal, para cinco. As dificuldades foram aumentando. Não tínhamos dinheiro para comprar comida e começamos a escolher entre o almoço e o jantar. Foi uma época bem difícil, mas, para não preocupar meus pais, eu não contava para ninguém o que estava acontecendo. Até que a fome apertou e eu pedi ajuda para voltar para casa.

Minha familia não acreditou ao me ver de cabeça raspada e dez quilos mais magro. Tudo para tentar viver o meu sonho. Depois de alguns meses o empresário da banda ligou pedindo para voltarmos para São Paulo. Desta vez garantiu que tínhamos shows marcados, aquela velha conversa. Eu era jovem. Minha mãe não queria deixar eu voltar, mas meu pai falou: "Acho que ele tem de ir, é o sonho dele, deve correr atrás".

Era o que eu esperava ouvir. Voltei! Realmente fizemos mais shows, até que a banda se separou e eu montei outra com irmãos que ganhei nessa trajetória. Batalhamos muito para conseguir encaixar a nossa música em algumas rádios. Fizemos shows em várias casas de São Paulo, foi a melhor época para o axé music, que era a sensação do momento.

Com a queda do estilo musical, comecei a trabalhar com telemarketing, venda de carros, comunicação e marketing... enfim, dei meu jeito. Até que em 2006 recebi um convite para cantar em uma banda de casamentos. Eu não queria de jeito nenhum, achava fim de carreira, mas aceitei. Estou nesta banda até hoje, tocamos todos os finais de semana, fazendo uma média de 120 shows por ano, entre casamentos, formaturas e eventos corporativos. Algo completamente inusitado me abriu muitas portas e me faz feliz!

Com o tempo percebi que precisava ter outra renda. Fui trabalhar no escritório da banda e como sempre gostei de desenhar, comecei a usar o Photoshop para editar material do escritório.

Hoje trabalho em casa durante a semana, na agência que leva meu nome, com alguns clientes fixos, mais de 300 flyers digitais feitos, mais de 40 logotipos criados, entre outros trabalhos.

Tomei muita porrada, mas jamais esqueci meus ensinamentos: ser digno, trabalhador, e principalmente, correr atrás dos meus sonhos! Um dia, com persistência e sempre se reinventando, a porta que tanto buscamos se abre.

CAPÍTULO 6

UMA COISA É CERTA: seu planejamento não é estático, a não ser que já tenha desistido e fracassado

QUEBRE SEU PROJETO EM ETAPAS. PENSE COM CALMA em cada fase do seu sonho, desmembre cada pedaço dele: seja a abertura de um negócio, o lançamento de um novo álbum, seja aquela viagem de bicicleta pela Europa. O segredo para qualquer coisa dar certo é compartimentalizar o pensamento. Assim afastamos o monstro da grandiosidade.

Certa vez, eu palestrava na Itália, e um dos palestrantes convidados foi o Alex Bellini, que, nos últimos 15 anos, remou sozinho por dois oceanos por mais de 35 mil quilômetros. Ele elogiou meu trabalho e eu emendei: "Imagina, o que faço no mundo dos negócios é fácil. O que você faz é inacreditável. Não sei como consegue. Quando faço canoagem por uma hora no rio Amstel, em Amsterdam, embora eu goste, confesso que sinto um certo tédio além do cansaço físico, mal posso imaginar meses em alto-mar numa canoa de um lado do oceano ao outro!". Ao que ele respondeu com um sorriso: "O tempo de canoagem de um dia nestas longas viagens é o movimento de apenas um pequeno ponto de lápis no meu mapa. É imperceptível a olho nu.

E ainda assim aquele ponto é todo meu planejamento do dia. Pode até ser que eu pudesse ir um pouco mais, mas me limito a aquele ponto único no mapa por vez. Depois de muitas semanas, depois de meses, uma linha começa a ser feita. Eu não faço canoagem do trajeto inteiro, eu avanço um pequeno ponto imperceptível por vez". Uau! A mesma mentalidade para tirar sonhos do papel que eu aplico por trás do meu computador é replicada por outra pessoa, do outro lado do mundo, em alto-mar. O resultado final: sucesso obtido para ambos.

Da mesma maneira, no seu projeto, planeje a canoagem de apenas um ponto por vez. E, quando se der conta, haverá percorrido a distância de um oceano inteiro.

OS RISCOS, A RESILIÊNCIA E O *FUCKUP NIGHTS*

As decepções sempre existem e fazem parte de qualquer empreendimento, seja ele pequeno, médio, seja grande. Pode ser um *business* ou uma empreitada pessoal. No mundo dos negócios as decepções estão tão presentes, que até foi criado em 2012, no México, um movimento global chamado *Fuckup Nights*, no qual pessoas ao redor do mundo compartilham publicamente suas histórias de fracasso. É um TED ao avesso. Aqui, no *Fuckup Nights*, seu maior erro é sua única glória. Milhares de pessoas participam desses eventos em mais de 150 países contando seus maiores fracassos.

O *Fuckup Nights* nos permite conviver com a ideia de que de errar é algo a ser esperado e até mesmo celebrado. Começar a considerar o erro como um estado mental e não condição pessoal de fracassado é um grande avanço. Isso permite à pessoa desapego ao seu erro e a rápida recuperação da situação, permitindo assim que ela aproveite o único bem que o erro nos permite: aplicar no recomeço o novo aprendizado.

Isso é especialmente relevante quando consideramos a rota emocional para tirar um projeto do papel, seja ele qual for, desde lançar uma startup, um livro, um novo álbum, um projeto social, espere algo mais ou menos assim:

A JORNADA EMOCIONAL DE CRIAR ALGO INCRÍVEL[4]

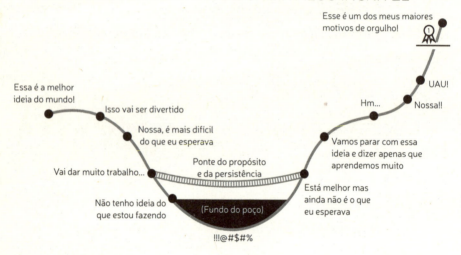

Você chegou até aqui e está determinado a seguir com seu projeto. Seu sonho será realizado. Peço que aceite desde já a condição de que o fácil não existe. Se você desanimar com o difícil, vai buscar *jeitinhos*, mas jeitinhos têm perna curta. Você irá mais longe construindo algo sólido, *day by day*, em seu ritmo e no do mercado. Por isso, trabalhar os músculos da resiliência é muito importante.

---

4. Inspirado em *The Emotional Journey of Creating Anything Great*. Disponível em: https://john.do/emotional-journey-creating/. Acesso em jul de 2017.

Nem todos têm a capacidade de lidar com os problemas de forma equilibrada, adaptar-se a mudanças, superar obstáculos ou resistir à pressão sem profundo desgaste emocional ou físico. Na Kickante temos a sorte de ter três sócios resilientes. O resiliente consegue encontrar soluções e superar os desafios e sai deles mais forte do que antes. Se você ainda não exercitou esse músculo, trago excelentes notícias. Assim como qualquer exercício para músculos físicos, a resiliência é exercitada um dia após o outro e traz também momentos de descanso. Quando as dificuldades surgirem, foque em superar apenas aquele momento. Quando a decepção surgir, procure avançar só mais um dia. A trajetória para tornar um sonho realidade pode ser longa, mas é satisfatória, e exercitando a resiliência você será como aquelas pessoas que parecem sempre conseguir superar mais um obstáculo. Elas não são diferentes de você. Apenas continuaram. No escuro, com medo, cansadas, e muitas vezes até derrotadas. Elas continuaram. Sei disso pois sou uma delas.

O psicólogo inglês Conor Neill, professor na IESE Business School, usa a seguinte metáfora para descrever uma pessoa resiliente: Pense numa bola de tênis que, quando jogada no chão, volta com facilidade para suas mãos. Ela é dura para não amassar no choque, mas macia para quicar e retornar para o alto. Assim são as pessoas resilientes. Elas encaram a realidade, encontram sentido no que fazem e em como agem.

Se você está pensando que não tem nada de resiliente, vamos começar hoje mesmo a exercitar esse músculo no seu dia a dia e a melhorar esse quadro encarando os fatos. Segundo Neill, toda emoção é uma distorção da realidade. A emoção surge quando a realidade é diferente da expectativa de como deveria ser. Quanto maior a emoção, maior a recusa em aceitar que o mundo não é como você gostaria que fosse. Quantas vezes você não se viu comemorando uma conquista sem acreditar que estava acontecendo com você? Ou reclamando de um acontecimento por considerá-lo injusto? Pois é, as expectativas turvam a visão objetiva.

O segundo ponto de que ele trata é encontrar sentido, como falamos anteriormente. Esse propósito está dentro de você. Se ainda não o encontrou, pense nas pessoas que o inspiram. O que elas fazem que as tornam tão especiais aos seus olhos? E mais: quem você deseja inspirar e como acredita que poderia impactar essas pessoas?

O terceiro é agir. Pessoas resilientes estão constantemente no modo ação. Um caso curioso que ele cita é o do jornalista norte-americano Cal Fussman, da revista *Esquire*, que, numa longa conversa com o escritor norte-americano, empresário e palestrante Timothy Ferriss, contou como desenvolveu sua técnica da entrevista. Nos dez anos em que passou viajando pelo mundo, sempre que entrava num ônibus ou trem, procurava uma pessoa com quem pudesse ter uma longa e profunda conversa. Foram esses anos de prática falando com estranhos que o ajudaram a se conectar rapidamente com celebridades mundiais como Mikhail Gorbachev, Ronald Reagan e Muhammad Ali.

Acredite. Fortalecer seu grau de resiliência ajuda decisivamente quando você entrar no DIP (Queda) – *o momento crítico do seu negócio*, falado no capítulo 5. O DIP pode acontecer em qualquer parte do processo e vai acontecer em diferentes momentos do seu negócio.

CAPÍTULO 7

COMO PESQUISAR O MERCADO SEM GASTAR SEU DINHEIRO

O MOMENTO, AGORA, É DE CHECAR SE SUA IDEIA ESTÁ sólida para que você possa dar o *start* no seu projeto. Como descobrir isso? Muita gente, quando ouve falar de pesquisa de mercado, já imagina os custos exorbitantes, um mar de informações e páginas intermináveis para ninguém ler. No entanto, essa ideia de que a pesquisa de mercado é cara, complexa e inatingível para muitas pessoas ficou no passado.

Ainda que existam empresas importantes que façam esse tipo de pesquisa para grandes projetos, repito: seu projeto ainda não é grande. Vamos colocar o pé no chão e seguir meu lema: **não gaste absolutamente nada antes de começar a ganhar.** A boa notícia é que as formas de obter informações estão muito mais acessíveis. Você não precisa investir dinheiro nem se enrolar em processos para descobrir quem é seu público — e o que ele quer — ou quem são seus concorrentes, o que andam fazendo e o que você pode fazer melhor. Hoje há muitas maneiras com custo zero (ou com custo baixíssimo) de obter essas informações e conseguir material precioso para estruturar seu projeto. A internet é poderosa para isso.

Não confunda pesquisa de mercado com *compliance* para sua empresa. Se você tem um projeto inovador, é imprescindível após sua pesquisa inicial de mercado, analisar com profissionais a estrutura legal de sua empresa para evitar problemas no futuro. Falaremos sobre isso mais à frente.

A pesquisa de mercado nada mais é que o recolhimento de inteligência para seu negócio em forma de informações. Quanto mais simples e diretas as informações, melhores elas são. A pesquisa de mercado não pode indicar se o seu sonho tem futuro ou não, mas deve existir como um indicador de como moldá-lo para que seja realizado. E essa diferença de percepção é muito importante. Com ela você saberá onde estão seus clientes, quanto vale seu produto, se seu custo faz sentido para o valor de mercado, quais são os hábitos do seu cliente, seu estilo de vida, seu comportamento, o que ele consome, sua escolaridade, sua renda. Munido dessa vasta quantidade de informações, você saberá como o mercado reage ao seu produto ou serviço e a melhor maneira de apresentá-lo ao público.

A pesquisa também pode ser feita para você conhecer melhor os seus concorrentes ou fornecedores e ter dados de sua participação no mercado, seus diferenciais. Serve ainda para ajudá-lo a montar suas metas e orientar suas decisões sobre o lançamento de um produto ou serviço. Ela encurta seu aprendizado minimizando seus erros.

Vamos olhar a fundo métodos importantes e simples para sua pesquisa de mercado. Antes, é importante lembrar sempre que informação é conhecimento estático. Para cada verdade que você ler, existem dez outros pontos a questionar e que permitem que sua imaginação explore livremente. Isso é importante, pois é aí que mora a inovação de que seu projeto tanto precisa para se destacar.

Charles Kettering, grande inventor e engenheiro norte-americano, proprietário de mais de 186 patentes e responsável por invenções que mudaram o mundo, como o motor de partida elétrico e o ar-condicionado, costumava dizer aos engenheiros e pesquisadores ao seu redor que "existe uma grande diferença entre conhecimento e entendimento: você pode saber muito sobre algo, mas não entendê-lo realmente".

Portanto, ao pesquisar, fique atento aos *insights* que a informação pode lhe trazer. O processo mais valioso de uma pesquisa não é a informação por si só, mas as possibilidades de negócio escondidas por trás de cada dado pesquisado. Cada inovação que fiz na Kickante surgiu de momentos de pesquisa e análise de dados.

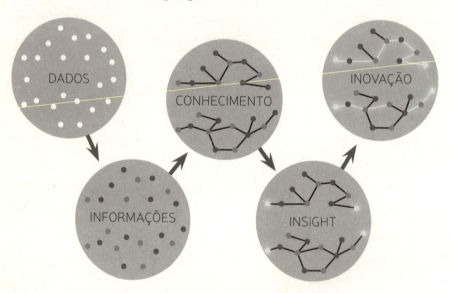

Nunca use pesquisa apenas para apoiar suas ideias. Isso é limitante. Uma boa pesquisa de mercado serve para questionar seu *status quo* e guiar os seus próximos passos. Devoro cada momento de pesquisa dos meus projetos com sede de criatividade, pois em cada conector entre uma informação e outra existe a possibilidade de um *a-ha! moment*, e é aí que a criatividade reside.

COMO OBTER INFORMAÇÕES CONFIÁVEIS SEM CUSTO?

Não vão faltar fontes para você pesquisar sem gastar. A era da informação tem essa vantagem. Veja, por exemplo, a fonte a que todo mundo recorre quando tem uma pergunta: o Google, que, além de sua ferramenta de busca, fornece gratuitamente a ferramenta de busca de palavras-chave, que você encontra neste link: **bit.ly/ palavrachavesonhos**

Essa ferramenta é, na realidade, disponibilizada para você identificar quais palavras-chave são mais relevantes para seu negócio, e possa, assim, comprar anúncios. Eu, porém, uso muito essa ferramenta para pesquisar tendências. Obrigada, Google!

Digamos que você deseje publicar um livro de poesia ou fotografia. Uma breve busca com essas palavras-chave mostrará qual capital do país está mais interessada no que você tem a oferecer. Ou qual tema específico relacionado ao seu projeto tem maior busca. Essa ferramenta permite, inclusive, que você exclua termos que não interessem na sua pesquisa. Ou seja, quando buscar, você pode optar por excluir algumas categorias.

Então, quando iniciar sua busca no Google, lembre-se dessa poderosa ferramenta de identificação de tendências no mercado. Não se atenha apenas à busca tradicional. Embora seja relevante, ela demanda cuidado extra. Lembre que a era da informação tem um problema que a nossa geração ainda não descobriu como resolver: em um mundo sem curadoria, onde todos podem publicar um artigo e chamar sua escrita até mesmo de científica, sem nenhuma conexão com a realidade, entramos oficialmente no estado de alerta para as *fake news* em grande escala, o mundo das notícias falsas.

As *fake news* não são recentes, elas existem desde o começo da humanidade, afinal, o homem aprendeu rápido a contar histórias e a mentir. O problema das *fake news* é que elas vêm belamente fantasiadas pelo marketing e design on-line, indicando que se trata de uma verdade. A maioria das pessoas não se deu conta da popularização desse movimento e compartilham nas redes sociais, WhatsApp e e-mails notícias sem nenhum embasamento técnico, histórico ou real. Tenha sempre isso em mente. E adote a prática de, ao fazer sua pesquisa de mercado, optar por mídias e fontes seguras.

No caso da Kickante, como trabalhamos com o financiamento coletivo de projetos, estou sempre atenta a indicadores financeiros do Brasil e do mundo. Você, como eu, também pode conseguir informações em órgãos públicos, associações comerciais, industriais, centros de pesquisa e tecnológicos, nas universidades, no Serviço Brasileiro de Apoio às Micro e Pequenas Empresas (Sebrae) e em publicações especializadas, como sites, blogs, revistas e jornais.

No meu caso, as publicações dessas instituições me dizem, por exemplo, como os bancos estão ajustando seus empréstimos em relação ao mercado, como o governo está revisando seu orçamento no que diz respeito a subsídios e, finalmente, como os consumidores estão reagindo à economia. Eles me dizem de maneira clara e objetiva como está se desenvolvendo o cenário do meu público.

Também vale recorrer a uma das formas mais antigas de fazer pesquisa: conectar-se com as pessoas. Ouvir, principalmente. E isso ficou ainda mais fácil com as redes sociais. Se você tem dúvidas sobre um mercado, busque conversar com pessoas que trabalham com ideias semelhantes às suas. Não tenha vergonha de mandar um e-mail, de pedir um conselho, de abordar alguém que você acredite que possa ajudá-lo, ou de postar abertamente na sua rede social: "Qual empresa vocês recomendam para produção de camisetas comerciais?". Recentemente, uma conexão do Facebook postou: "Qual técnica você usa para aliviar a ansiedade de falar em público?". Mais de cinquenta palestrantes conectados à rede responderam com dicas variadas e muito interessantes!

A rede social tem esse poder de gerar dados para sua pesquisa de maneira espontânea. O francês Clotaire Rapaille, antropólogo cultural e referência em marketing e pesquisa de mercado, diz, em sua obra *O código cultural* (Elsevier, 2006), que na maioria das vezes as pessoas não sabem do que precisam de fato. Por isso, precisamos ler o que elas falam nas entrelinhas e observar mais seu comportamento. Na verdade, quando questionados diretamente, todos tendem a responder algo correto, que agrade. E quando se sentem menos pressionados a dar uma resposta certa, abrem-se mais. E nessa fala mais espontânea é que está o material mais precioso de sua pesquisa. Portanto, quando estiver on-line, lembre-se de usar o poder de interação da rede para tirar seus sonhos do papel.

Aqui, meu conselho é: seja cortês, mostre interesse e seja grato. E nunca, nunca seja *folgado*. Já estive em situações variadas com pessoas que foram mal-educadas ou ofensivas antes de conhecer melhor minha trajetória e, assim que perceberam como poderiam se beneficiar de um relacionamento mais próximo, me pediram para apresentá-las a um investidor, ou dar uma mentoria, ou abrir outro tipo de porta. Não é assim que se faz *networking*.

O *networking* se faz com trocas. Essas mesmas pessoas poderiam ter se reaproximado, mostrado também seu valor, reconhecido o erro do passado, oferecido algo antes de pedir, e então solicitar a apresentação, mentoria ou o que mais fosse. Com certeza o resultado teria sido mais positivo. É importante lembrar que um relacionamento demanda tempo, principalmente quando você começou pelo caminho errado.

●●● O *NETWORKING* QUE DÁ RESULTADO

Eventos, conexões em mídias sociais, mais eventos, mais conexões em mídias sociais. A quantidade crescente de oportunidades para se conectar com os outros cresceu a tal nível, que corremos o risco de esquecer o ponto principal do *networking* produtivo: qualidade *versus* quantidade.

Quando encontrar alguém especialmente preparado e que apoie seus planos e suas ideias, trate-o a pão de ló, como falamos na Bahia. Aí está seu mais valioso mentor ou mentora. Estou rodeada de mentores, a quem recorro sempre que sou presenteada com uma situação delicada. Tenho também a sorte de ter esse mentor no pai do meu filho, alguém que está comigo todos os dias. No entanto, se esse não é seu caso, se estiver rodeado de pessoas negativas ou que não apostam na sua ideia, nem tudo está perdido.

No Brasil, existem mentores especializados, os *coachs*, cuja missão é ajudar as pessoas a seguir o próprio sonho, mudar de carreira, abrir um novo negócio e muito mais. Tive a chance de trabalhar com um *coach* pela primeira vez em 2016, o francês Christopher Bockmann. Isso aconteceu quando a Cartier disponibilizou um mentor profissional para cada finalista do prêmio que recebi, e foi uma experiência enriquecedora.

O *coach* certo para você pode fazer uma enorme diferença nos resultados. No entanto, você deve estar disposto a ter suas certezas questionadas. Ser *coachable*, ou seja, ser alguém aberto às críticas e aos ensinamentos de uma boa mentoria, é um dos maiores divisores de águas entre seu sucesso e fracasso a longo prazo. Ouça. Aceite as sugestões. Entenda que, se elas parecem estranhas demais para você, é exatamente para ter essa percepção diferente que você está buscando a opinião alheia. E use a nova informação compartilhada como fonte de pesquisa, seguindo aquele método explicado anteriormente. Dados, informação, conhecimento, *insight*, inovação. Você vê aonde vamos chegar com isso?

QUEM PODERIA SE INTERESSAR PELO SEU PROJETO? O PÚBLICO-ALVO E AS PERSONAS

Uma das primeiras dúvidas quando vamos iniciar algo novo é: "Quem vai querer se engajar no meu projeto?". Aqui o importante é ser o mais específico possível, assim seu investimento e seu direcionamento de marketing serão mais certeiros.

A ideia de público-alvo, bastante difundida, traz uma definição bem aberta. Para detectar quem ele é, busca-se informação demográfica (idade, sexo, escolaridade, estado civil), mas essa informação é limitante, pois não são coletados hábitos, hobbies, relacionamentos com marcas/produtos. O público-alvo também não se refere a uma pessoa específica, mas a um grupo de pessoas que possam querer o seu produto/sua ideia a partir de um delimitador mais amplo. Imagine que você vai montar uma ONG de amparo aos animais. O público-alvo direto são as mais variadas pessoas que têm animais de estimação.

Por outro lado, a ideia de criar personas para seu projeto traz uma definição mais precisa. A persona é o desenho de uma pessoa específica que represente seu cliente. Descobrir a persona é como criar um avatar. Você vai visualizar a pessoa, com detalhes sobre hábitos e trabalho, consumo, hobbies e preferências de canais de informação. Ela será seu personagem específico, cujas características traduzem quem você imagina atingir ao elaborar seu projeto.

Mas qual dos dois usar: o público-alvo ou a persona?

Lígia Mello, sócia proprietária de uma agência de monitoramento de mercado e de consumo, a Hibou, nos lembra que, ao empreender, existem projetos que evoluem propostas já existentes, assim como existem os projetos completamente inovadores. Em ambos os casos, a primeira pergunta que devemos fazer é: "Que dor nosso projeto está diminuindo, sanando? Que problema ou futuro problema conseguimos reduzir ou eliminar empreendendo nesse campo?". Seu objetivo deve ser conseguir olhar mais profundamente para seu consumidor e suas necessidades, pois esse é um diferencial importante hoje.

O livro *Marketing 3.0* (Elsevier, 2010), de Philip Kotler, Hermawan Kartajaya e Iwan Setiawan, fala que estamos em uma nova era na qual precisamos nos conectar com as necessidades mais profundas do nosso público. Em vez de tratar as pessoas simplesmente como consumidores, é preciso nos aproximar delas como um ser humano total, com mente, coração e espírito. Então, depois de identificar o público-alvo, você deve ser mais específico ainda e usar o método a seguir para encontrar a persona — ou seja, a pessoa com sentimentos e desejos que quer atingir. E esse método vale para tudo o que deseje lançar — uma conta de influenciador no Instagram, um livro, um novo produto, um novo álbum, eventos, ONGs etc. O céu é o limite!

Então, vamos por partes! Num primeiro momento, o importante é analisar o mercado e definir o público-alvo. Depois, é hora de identificar sua(s) persona(s).

Abaixo disponibilizo o método usado por Lígia Mello, de quem falei um pouco antes, para identificar a persona para algumas das maiores marcas do Brasil.

● ● ● 1) QUEM É O SEU PÚBLICO-ALVO?

Ao criar um projeto você precisa saber quem irá utilizar direta e indiretamente (formadores de opinião, mídia em geral e outros) seus serviços e/ou produtos. Para o público direto a dica é partir de uma definição abrangente para o específico. Veja alguns exemplos:

A. mulheres de 25 a 50 anos, casadas, que morem no Brasil, com filhos de até 2 anos de idade e que trabalhem fora;

B. pessoas de ambos os sexos, com idade entre 15 e 30 anos, que gostem de refrigerante;

C. homens, de 18 a 40 anos, solteiros e divorciados, com terceiro grau completo e que morem sozinhos.

Primeiro tenha um público-alvo principal e, a partir dele, crie as personas.

● ● ● 2) COMO ENCONTRAR A PERSONA?

A recomendação é que você tenha inicialmente no máximo quatro personas, ou seja, quatro grupos de perfis/hábitos distintos que possam consumir, comentar e divulgar o seu projeto. Para encontrar a persona, ou as personas do seu projeto, leve em consideração algumas características.

A. Que hábitos estão correlacionados ao meu projeto? São pessoas com hábitos saudáveis? Quais suas preferências musicais? São solidárias, empreendedoras, praticam esporte, gostam de videogame, cozinham nos fins de semana, seguem o estilo *handmade*?

B. Como essas pessoas interagem no cotidiano? Atualizam-se pelo Facebook ou pelos principais portais? Participam de eventos, leem conteúdo específico, inspiram-se no Instagram, acompanham o Twitter ou o LinkedIn? Costumam sair com amigos, colocam a mão na massa para ajudar os mais necessitados, participam de grupos?

C. O que atrai esse público que você está buscando? Mídia, memes, e-mails, *gifs*, informativos, fotos produzidas, fotos espontâneas, textos explicativos, depoimentos, exemplos, blogs?

D. Que tipo de conteúdo as pessoas com esses perfis compartilham entre si? Sugiro que você estude, invista tempo para analisar as pessoas que possuem o perfil que você acredita que irão se engajar na sua ideia. A produção desse conteúdo focado fará toda a diferença, pois você terá nas suas personas os replicadores do seu projeto.

E. Fale com as pessoas que você acredita terem o perfil para ser seus futuros consumidores.

F. Se você não tem nenhuma pesquisa, converse com os amigos, com os colegas de trabalho, com os amigos dos amigos, com os familiares que possam validar suas suposições sobre quem são as personas que irão se engajar na sua ideia. Essa troca é essencial para ajustar possíveis detalhes.

Cada persona deve ter características diferentes, assim você consegue pensar num produto que se adeque aos vários estilos de pessoas que se enquadrem no seu público. Para entender como esse estudo funciona, segue um exemplo de alguém que quer lançar um aplicativo com dicas e cuidados para a saúde da pele do rosto masculino.

Você deve partir do princípio de que todos se preocupam com a saúde, mas o foco do projeto são os homens que moram sozinhos. O objetivo do app é tornar o dia a dia desse perfil específico mais prático.

- Público-alvo: homens, de 18 a 50 anos, que morem sozinhos.

- Personas: defina três colaboradores ideais e, a partir deles, desdobre a abordagem de informação e divulgação

A. Mário, 20 anos, veio do interior para estudar na capital. Está se esforçando para ter uma vida saudável, mas não sabe cozinhar nem cuidar da casa. Mora pela primeira vez sozinho e está se adaptando à rotina. Nunca cuidou da pele com produtos específicos, sempre usou os dos pais, sem muita preocupação. Tem o dinheiro contado, não pode se dar ao luxo de fazer grandes compras de hidratantes e protetores.

Ele passa grande parte do tempo na internet, adora o YouTube e o Twitter porque são rápidos no conteúdo. Divide o dia a dia com os colegas da faculdade e fala com a família pelo Skype. Adora viajar de mochila com os amigos mais próximos.

B. Júlio, 38 anos, executivo de um banco, pai de dois filhos, separado há mais de cinco anos. Precisa estar sempre impecável no trabalho, mas anda cansado de perder uma hora por dia com os cuidados pós-barba. Ele deseja aprender mais sobre como criar uma rotina prática de produtos que o ajude a cuidar da pele e tenha um resultado positivo. Tem guarda compartilhada dos filhos, o que em alguns dias da semana dificulta suas manhãs.

Lê os grandes portais diariamente, acessa seu Instagram ao menos duas vezes por semana e acompanha os amigos pelo Facebook. Prefere conteúdos ilustrados, mais fáceis de entender.

C. Joaquim, 55 anos, diretor de uma empresa de construção civil, recém-separado. Ama a família. Está perdendo cabelo e preocupa-se muito com a pele, pois passa muito tempo ao sol. Está refazendo 100% de sua rotina e nunca pensou que os cuidados com o rosto/careca seriam tantos. Antes era a esposa que comprava seus produtos.

Está se sentindo jovem. Gosta das redes sociais Facebook, Instagram e Twitter e lê os grandes portais e as mídias segmentadas que tratam dos temas carro e futebol.

Assim que estiver com essas informações no papel, desenhe claramente os perfis e, embaixo de cada um, detalhe cuidadosamente os seguintes pontos, que serão os próximos passos baseados nas personas:

a) o tom de sua comunicação de marketing para explicar melhor sua proposta;

b) os benefícios do uso/consumo de seu produto/serviços;

c) os canais onde vai divulgar sua ideia, sempre respeitando seus usuários;

d) responda adequadamente a cada perfil e, se possível, reúna pessoas próximas que acreditem no projeto e possam auxiliá-lo nessa função;

e) prometa apenas o que puder cumprir e deixe isso claro para cada persona.

Se neste ponto você ainda está se perguntando qual é a diferença entre público-alvo e persona, seguem alguns pontos claros que o ajudarão a entender:

PÚBLICO-ALVO:

- definição mais aberta (maior cobertura);
- tem muita informação demográfica (idade, sexo, escolaridade, estado civil);
- não fala sobre hábitos, hobbies, relacionamentos com marcas/produtos;
- não se refere a alguém específico, e sim a um grupo genérico;
- pessoas que podem querer o seu produto/ideia a partir de um delimitador amplo.

PERSONA:

- definição específica (menor cobertura, mas visa maior assertividade);
- detalhes sobre hábitos e trabalho;
- detalhes sobre consumo e hobbies;
- preferências de canais de informação;
- personagem específico (pode ser idealizado como um colaborador padrão). Colaborador ideal que irá participar e replicar a ideia para seu grupo de contatos.

Com a persona, sua visão deixa de ser quantitativa, demográfica, e passa a ser qualitativa. Isso resulta em um ganho enorme, porque a sua relação com seu cliente se torna pessoal, o que pode fazer toda a diferença no sucesso do seu projeto, pois ajuda a construir um caminho assertivo e coerente com o público que deseja atingir.

Uma dica que vale a pena seguir é também traçar o avatar de quem não é seu cliente. E o que faz com que uma persona não seja o seu público? Talvez ela não precise do seu produto, não tenha poder aquisitivo para comprá-lo ou você tenha de investir muito dinheiro para conquistá-la. Tentar agradar quem não é o seu público-alvo resultará em perda de foco e mudança de aspectos do seu projeto que, justamente, atraem o valioso público-alvo. Foque nessas pessoas!

COMO CONSTRUIR SUA PERSONA

O QUE PENSA E SENTE? (os valores)	QUAL SEU SONHO/EXPECTATIVA (suas metas)	
O QUE FALA E FAZ? (sobre marcas e quais consome)	dados pessoais: idade? onde mora? trabalha? estuda? Personalidade? Hobbie?	QUAL SUA MAIOR DOR/PROBLEMA?
O QUE VÊ E ONDE? (hábitos de mídia)	QUEM ESCUTA? (quem influencia seu dia)	COMO SEU NEGÓCIO VAI IMPACTAR ESSA PERSONA?

Assista em www.seusonhotemfuturo.com.br um vídeo explicativo sobre como usar este quadro para identificar sua persona com sucesso!

E O MEU CONCORRENTE?

Além do público-alvo, nesse estágio é importante pesquisar sobre o mercado e os competidores. Para isso, busque dados concretos do mercado atual e futuro. Aqui não é o momento de supor, mas de buscar saber o real tamanho do mercado, com dados e números concretos. Quanto mais realista você for, mais chance de sucesso terá.

Ao pensar na concorrência, vá além dos concorrentes diretos. Por exemplo, se você é um escritor, um competidor indireto poderá ser um blogueiro, que oferece informação direta ao seu consumidor e e-books gratuitos. Lançar conteúdo similar na mesma época certamente afetará a viabilidade do seu negócio. Entender quem é o seu competidor, além do óbvio, o ajudará a identificar seu valor real e a mensagem de seu diferencial para passar ao seu futuro cliente. Quem enxerga a concorrência não apenas pelo ponto de vista de modelo de negócio, mas passa a vê-lo pelo ponto de vista de solução ao mesmo mercado, sai na frente. Usemos o exemplo da escola de piano que ignora os aplicativos novos ensinando estudantes a tocar piano em tempo recorde. Não estou sugerindo que os estudantes fiéis de longo prazo deixarão o curso para aprender a tocar piano sozinhos por meio do aplicativo. Mas estou levantando a hipótese que haverá perda de novos alunos de curto prazo (muitas vezes a fonte de renda principal de cursos) que ao ter curiosidade sobre o assunto, optarão por testar o instrumento antes por meio do aplicativo.

Olhar a concorrência não como um impedimento, mas como uma barreira de entrada, servirá como indicador das necessidades de inovação do seu mercado. No caso acima por exemplo, a escola de piano poderia criar uma sala *hightech*, onde curiosos de plantão integrariam seu iPad ao sistema tradicional de ensino e praticariam em conjunto para uma apresentação de final de ano, com a ajuda de um instrutor em grupo - tudo isso a um valor reduzido. Como um bônus extra, alguns dos mais interessados acabariam por se inscrever na aula tradicional, e de maior custo, com o passar do tempo.

Na hora de analisar um concorrente, não se prenda a fatores, como: O produto dele tem mais qualidade? O preço dele está bem abaixo do que posso oferecer? E certamente não se prenda ao fator tempo de mercado. Quem deve determinar o álbum, livro, arte, empresa, inovação ou ação social é o seu objetivo e como o mercado deseja interagir com o seu diferencial. A palavra-chave aqui é: diferencial.

Talvez você tenha se assustado quando falo para ignorar a qualidade. Note que não falei "não se preocupe com a qualidade do seu projeto". O que você não deve fazer agora é comparar. Ou seja, não se preocupe se a qualidade completa do que você vai oferecer nesse estágio inicial não é a mesma do que já está no mercado há três anos. Seu objetivo é identificar qual diferencial você pode oferecer para se destacar e gerar desejo no seu público-alvo.

Uma das maiores barreiras para tirar algo do papel é querer ser o mais bonito, mais cheiroso e mais famoso da praça quando, às vezes, ser aquele que toca o violão ao entardecer é tudo de que se precisa. Seus consumidores precisam saber exatamente qual é o diferencial entre você e seus concorrentes diretos. Se você tiver um diferencial que fala diretamente para eles, não importará que o seu competidor tenha outros trinta e cinco benefícios de importância secundária. Pesquise, reflita, pense e encontre um benefício especial e unicamente seu para oferecer.

CAPÍTULO 8

METAS ALCANÇÁVEIS SÃO METAS BEM CONSTRUÍDAS

PARA CONSEGUIR GRANDES FEITOS NA VIDA É PRECISO pensar grande o tempo todo. Certo?

Errado!

É preciso, sim, sonhar, o quão grande desejar, mas as metas servem para que você possa sair do lugar e dar um passo após o outro. Elas servem para que você possa se guiar, e não para que se perca tentando, de primeira, alcançar algo tão grande que o passo entre o hoje e o seu objetivo final seja inalcançável.

Você se lembra da história que contei no Capítulo 6, do homem do remo que atravessou oceanos, tempestades, ondas gigantes, sozinho, a bordo da sua canoa? O objetivo era atravessar o oceano, um grande objetivo sem sombra de dúvidas. No entanto, na execução, ele não trabalhava para aquela grande meta final. Trabalhava para sua meta diária. E a meta do dia era fazer canoagem apenas um pontinho, imperceptível ao olho nu, no mapa.

Assim também deve ser o seu projeto. Quantas pessoas têm planos, traçam metas, mas não saem do lugar? Geralmente, o problema não está no processo, mas na expectativa do resultado a curto prazo.

Quero dizer para você que, sim, é importante visualizar o futuro com tudo o que deseja e mais um pouco. É importante querer mais e ter a visão de aonde quer chegar. No entanto, tudo o que existe hoje, por maior que seja, começou do nada e, na maior parte das vezes, demorou anos para chegar na versão que vemos agora.

Não existe sucesso instantâneo. As pessoas precisam falar mais abertamente de suas trajetórias, para quebrar esse mito de que o sucesso era visível desde o começo ou surgiu por acaso. Ninguém acorda como uma sensação nacional. Vamos usar o caso da Kickante para ilustrar.

Lançamento: fim de 2013; média de 21 projetos novos financiados por mês.

Desenvolvimento: fim de 2014; média de 200 projetos novos financiados por mês.

Crescimento: fim de 2015; média de 1000 projetos novos financiados por mês.

Solidificação: fim de 2016; média de 1800 projetos novos financiados por mês.

Note que o crescimento de 2013 a 2014 é exorbitante. Isso é normal quando lançamos um novo produto. No entanto, não é sustentável, mesmo em casos de ideias escalonáveis (que podem crescer rapidamente sem investimento estrutural adicional e apenas pelo poder de viralização da internet). Note também que, embora tenhamos lançado a Kickante com a missão clara de ser o braço direito do brasileiro, defini que começar com apenas 21 clientes significaria grande sucesso, visto que os concorrentes faziam lançamentos mensais próximos desse número e já estavam no mercado fazia cerca de três anos. Depois disso, criei uma meta com crescimento mensal, e a ajustei de acordo com o mercado ou a situação da empresa.

Ao criar uma meta, pense em três situações:

Melhor cenário: aquele dos seus sonhos, em que você se sentiria realizado e bem-sucedido. Entenda, porém, que a meta do melhor cenário raramente é alcançada. Ela serve para lembrá-lo sempre do seu objetivo maior, é uma âncora invisível para que se busque sempre o melhor.

Cenário esperado: aquele mais pé no chão, o cenário sobre o qual você traçou suas expectativas concretas, financeiras.

Pior cenário: aquele que, abaixo disso, precisará revisar seu objetivo ou, caso tenha uma estrutura de custo fixo pesada, teria que se reestruturar rápido para não arriscar fechar as portas. A meta fundo do poço é o mínimo de que você precisa para continuar. Passou daquilo, recomece todo o plano imediatamente. Note que não falei: feche as portas, mude de sonho, faça outra coisa. Mesmo que às vezes terminar um projeto seja o caminho mais fácil, na minha trajetória noto que reestruturar ajuda a recomeçar o mesmo projeto, ou até mesmo algo novo, usando como base o que já começou a construir.

Essa estruturação das metas é muito importante, pois lhe dá uma percepção geral de resultados esperados e o ajuda a adicionar objetividade ao seu sonho.

Digamos que seu sonho é vender bolsas artesanais (e se for, me avise, porque minha sócia provavelmente vai querer comprar uma!), então, você criaria algo assim:

●●● ANO 1, CENÁRIO DOS SONHOS:

- 4 meses: começar a buscar clientes
- 3 meses: fechar 5 clientes
- 2 meses: fechar 7 clientes
- 1 mês: fechar 9 clientes
- lançamento, mês 1: lançar com 21 clientes
- mês 2: trazer 12 clientes
- mês 3: trazer 15 clientes
- mês 4: trazer 20 clientes

●●● ANO 1, CENÁRIO PÉ NO CHÃO:

- 4 meses: começar a buscar clientes
- 3 meses: fechar 1 cliente
- 2 meses: fechar 2 clientes
- 1 mês: fechar 4 clientes
- lançamento, mês 1: lançar com 7 clientes
- mês 2: trazer 6 clientes
- mês 3: trazer 8 clientes
- mês 4: trazer 10 clientes

●●● ANO 1, CENÁRIO FUNDO DO POÇO:

- 4 meses: começar a buscar clientes
- 3 meses: fechar 1 cliente
- 2 meses: fechar 1 cliente
- 1 mês: fechar 1 cliente
- lançamento, mês 1: lançar com 3 clientes
- mês 2: trazer 1 cliente
- mês 3: trazer 1 cliente
- mês 4: trazer 1 cliente

No vídeo que pode ser acessado no link **www.seusonhotem-futuro.com.br**, falo sobre como você pode criar não apenas metas, mas também um modelo financeiro inicial, algo simples que trará um norte. Um dos meus investidores me lembra sempre: *what gets measured, gets done* (o que é mensurado é realizado). Já tive o prazer (e a dor) de constatar essa realidade diversas vezes.

No início, pensar pequeno é a chave do sucesso, especialmente porque possibilita dar o primeiro passo. Lembra aquele medo, o bicho de muitas cabeças que não o deixa sair do lugar? Ele é menor quando o passo é pequeno. E com razão. Aqui, você consegue ter uma amostra mais controlada da reação do público às suas ações. Você aprende. Você ajusta. E você minimiza os riscos.

Concentre seus esforços iniciais em um grupo pequeno, uma quantidade de clientes que possa satisfazer, e foque em surpreender esses poucos clientes. O boca a boca ainda é o maior viralizador de uma ideia. Ele acontece hoje principalmente on-line, nas mídias sociais, mas sua base é a mesma que já conhecemos: "Se gosto, eu conto para dois. Se não gosto, eu conto para dez". Então, comece pequeno.

Hoje, milhões de pessoas já usaram a Kickante. Dá para imaginar que comecei com 21 clientes há apenas três anos? Pessoas que eu já conhecia, artistas e ONGs com quem eu já mantinha contato. A ideia era crescer daí, com um plano mensal.

Para isso ser possível, o trabalho com esses 21 precisava ser muito bem-feito para que fôssemos recomendados para outros. Optei também por não rodar anúncios no começo da nossa trajetória. Quando você faz algo de valor para um grupo pequeno de pessoas é natural que elas espalhem a notícia para mais gente. Quando você faz algo ruim também. Então, comece pequeno para testar os efeitos da sua ideia. Se ela não tiver sucesso, fica mais fácil consertar e acertar o rumo. Se trouxer benefícios, a ideia certamente vai se espalhar, e você vai ainda se beneficiar dessa propaganda espontânea. Foi assim que aconteceu com a gente. Após esse teste inicial, iniciamos um marketing digital forte, aumentamos o time de desenvolvimento de negócios e fomos aumentando o número de campanhas. Hoje já somos uma comunidade de um milhão de brasileiros engajados e impactando diretamente nosso país.

DÚVIDAS MODERNAS

Uma forma muito eficiente de estabelecer metas possíveis é mapear iniciativas parecidas com a sua. Ou seja, fazer *benchmark*. Olhar para quem trilhou um caminho parecido com o que você quer criar e fazer as perguntas: Como foi o processo dessas pessoas? Quais as dificuldades? E quais os resultados? Mas o que fazer quando o orçamento que você tem é diferente de tudo que está a sua volta, já em estágio avançado?

Uma dúvida frequente é: preciso ter um website, ou um aplicativo (app) resolveria? Ou, o que vem antes, o produto ou as mídias socias?

Com a internet, não há uma ordem correta a seguir. Pode-se fazer um pré-lançamento por meio do financiamento coletivo e lançar o seu produto ou serviço até mesmo um ano depois da pré-venda desde que assim pré-definido aos seus contribuidores. Você pode ser um influenciador ou contar com o apoio de um influenciador digital para lançar seu produto, encontrando assim um grupo já pré-selecionado por interesse (digamos fitness) que é o público-alvo direto seu (digamos nova barra de proteína 100% vegana).

De maneira alguma eu sugerira lançar um negócio com custo fixo antes de movimentar suas mídias sociais e estruturar seu marketing. O mundo mudou.

Na dúvida entre lançar um website ou app, é essencial pensar na sua persona. Se por exemplo o seu público for infantil, focar primeiro em desenvolver um app muito provavelmente será sua melhor saída. Caso seu público for adulto, será necessário estudar o poder aquisitivo do seu público e como ele interage com a web. Eu entendo que o celular é o principal meio de acesso à internet hoje. Mas antes de correr para conclusões, entenda que pode ser que a sua persona o acesse para atos corriqueiros apenas. Se este for o caso, criar um website e ter sua versão desktop adaptada para o celular, como é o caso da Kickante, resolve seu problema.

Antes de decidir criar um app, se pergunte se o seu app é tão relevante para o dia a dia da sua persona, a ponto dela oferecer espaço no seu celular para o seu aplicativo. O seu aplicativo precisa trazer um benefício extra para ela, resolver um problema que ela tenha, trazer uma solução diferenciada. Aqui, você compete não apenas com outros produtos, mas também com um limite claro de espaço!

Para aqueles interessados em lançar um aplicativo, dois dos maiores profissionais de desenvolvimento de aplicativos do país, o *Head* do Tinder no Brasil, Andrea Iorio, e o seu sócio na incubadora app do Bem, o Alessandro Teles, listam os fundamentos para o lançamento de um aplicativo de sucesso:

1. PRIMEIRAMENTE, CRIE UM MVP: crie seu *minimum viable product* (ou seja, um produto que funciona com o mínimo de funcionalidades desenvolvidas) para lançar e deixe funcionalidades mais complexas para versões subsequentes.

2. TESTE MINUCIOSAMENTE SEU PRODUTO: antes de lançar, teste seu app com uma equipe de profissionais de QA (*quality assurance* ou controle de qualidade) para que todo *bug*

seja detectado, e a equipe de desenvolvedores possa resolver antes de subir o app para a loja.

3. COLOQUE MUITO FOCO NO *ONBOARDING*: a primeira experiência do usuário no app é fundamental, pois, se não for boa, ele simplesmente muda para a concorrência (por exemplo: se for um *marketplace* como a Kickante ou o MercadoLivre, que intermedia oferta e demanda, deve ter um bom equilíbrio entre demanda e oferta. Fique atento também à latência — tempo de carregar o app —, que deve ser mínima).

4. OTIMIZE O APP PARA QUE EM UM MÁXIMO DE TRÊS TOQUES O USUÁRIO CONSIGA COMPLETAR QUALQUER TAREFA: se você criar um fluxo muito grande de telas e o usuário tiver de dar múltiplos cliques para realizar uma atividade, sua experiência se tornará ruim. Otimize o fluxo de telas para que qualquer atividade possa ser feita num máximo de três cliques.

5. CAPRICHE NOS SEUS TERMOS E CONDIÇÕES: particularmente na ótica da lei do Marco da Internet, esteja extremamente cauteloso na hora de definir essas informações, e sempre defina que é obrigatório o usuário aceitar os termos e as condições para evitar problemas futuros. Procure uma consultoria jurídica se for necessário.

6. MINIMIZE O PESO DO APP (MBS): você vai querer criar um app leve e que não ocupe muita memória no celular, pois, particularmente no Android, o espaço de armazenamento é limitado.

7. TORNE SEU APP ACESSÍVEL (para pessoas com deficiência): você vai querer ser inclusivo e garantir a mesma experiência de usuário para todos.

8. ESTABELEÇA MÉTRICAS CLARAS DE SUCESSO PARA SEU APP, E SAIBA MEDI-LAS: de nada adianta ter muita atividade no app e não saber mensurar. Você não vai saber como otimizá-lo se, e ao mesmo tempo, nenhum parceiro ou potencial investidor vai saber avaliar o potencial dele.

9. FOQUE NOS USUÁRIOS ATIVOS NO APP: a métrica mais importante para qual você quer olhar é MAUs (*monthly active users*), pois ela dá uma ideia de quantas pessoas de fato usam seu app em um mês. O número de downloads é muito relativo pois não necessariamente levam a um uso do app.

10. FAÇA USO DAS NOTIFICAÇÕES *PUSH*: crie uma régua de notificações para educar e informar seus usuários ativos, e reativar seus usuários ociosos. Sem exagerar, pois um número alto de notificações o faz, em um primeiro momento, tirar as notificações e, em um segundo momento, até desinstalar o app.

● ● ●   O QUE NÃO FAZER?

1. NÃO DESENVOLVA UM APP SEM VALIDAR A IDEIA ANTES: intuição ajuda muito, mas no caso de aplicativos não é o suficiente. É preciso validar a ideia e o conceito do app com *focus groups*, ou até com sua rede de contatos antes de investir tempo e dinheiro num app para o qual não tem verdadeiro interesse no mercado.

2. NÃO DESENHE AS TELAS SEM TER CRIADO UM *WIREFRAME* ANTES: na parte de design, comece a esboçar seu MVP criando um *wireframe* (esboço de telas sem todos os detalhes) com ferramentas como InVision ou Balsamiq. Não pule essa etapa, pois ela permite desenhar e validar o fluxo básico do app com muito mais rapidez do que desenhar

diretamente as telas, e depois ter que voltar atrás se tiver que fazer alguma mudança.

3. NÃO LANCE UM APP SEM TER MUITO CLARO QUAL SERÁ O MODELO DE NEGÓCIO: se quiser monetizar o app, tenha bem claro desde o lançamento qual caminho vai trilhar (os principais modelos são por assinatura, cobrança para baixar o app, ou venda de publicidade *in-app*), ou se quiser manter o app grátis, qual a estimativa de custos de servidores e/ou outras ferramentas envolvidas para poder já levantar fundos para poder rodá-lo. Você não vai querer ter surpresas mais pra frente que possam tirar o seu app do ar.

CONSTRUA SEU *BUSINESS PLAN*

Começar pequeno não é o mesmo que sonhar pequeno. Você pode — e deve — querer e batalhar pelo sucesso do seu projeto.

Criar o seu plano de negócios (*business plan*) vai ajudá-lo a ter uma visão geral do projeto. Todos podem se beneficiar dessa ferramenta. Se mais pessoas de fato usassem um plano de negócios no planejamento de suas ações, veríamos menos perdas financeiras ou falências.

Existem diversos modelos de planos de negócios, e a boa notícia é que, neste link **www.seusonhotemfuturo.com.br**, você pode acessar o modelo que uso.

As duas regras principais do plano de negócios são: ele determina os passos iniciais do seu negócio e ele é mutável. O plano de negócios inicial da Kickante é bem diferente do plano de negócio da empresa hoje, três anos depois. Um bom plano de negócios precisa evoluir com o mercado para de fato servir o empreendedor ao invés de aprisioná-lo.

Para projetos mais criativos ou independentes, digamos lançar apenas um produto ao invés de uma empresa, o Canvas será seu melhor amigo!

O Canvas é uma ferramenta simples e visual que segue o mesmo princípio do cérebro. Do lado direito, você colocará os aspectos mais emocionais, como a proposta de valor e o relacionamento com os clientes, e do esquerdo, os mais racionais, ligados à operacionalidade da empresa. Com o Canvas, você vai conseguir visualizar sua ideia de maneira compartimentalizada, quebrada em nove partes:

A proposta é que você use post-its em vez de escrever diretamente no quadro — assim o exercício fica mais dinâmico e você pode trocar os papéis de lugar, substituir, enfim... fazer os ajustes conforme reflete sobre o plano. Pegue uma folha de papel ou cartolina e divida-a em nove espaços.

Com esse modelo, você pode iniciar sua visualização. E assim, de maneira simples e fácil, criará o primeiro planejamento estratégico do seu sonho! Para criar o seu Canvas comigo, acesse **www.seusonhotemfuturo.com.br** e veja como preencho os meus!

CUIDADO COM A SÍNDROME DO IMPOSTOR

Agora que você está começando a tirar o seu projeto do papel, construindo meta a meta, a síndrome do impostor vai querer pegar você. Na verdade, pode ser até que já tenha pego. Se você é um profissional ou eterno estudante *over* qualificado, mas que ainda acha que não é bom o bastante, te peço atenção. Não caia na cilada de não se achar realmente capaz ao ver seu sonho se tornando mais palpável e real.

A síndrome do impostor já atingiu as cantoras Lady Gaga e Jennifer Lopez e até Meryl Streep, uma das atrizes mais premiadas de todos os tempos.

Meryl chegou a declarar: "Por que alguém iria querer me ver novamente em um filme? Nem sei atuar, por que estou fazendo isso?"

Já Lady Gaga disse: "Às vezes ainda me sinto como uma garota perdedora no ensino médio e tenho que me dizer todas as manhãs que sou uma *superstar*." Essa tal síndrome, que pode parecer conversa de quem está buscando elogios, na verdade acomete os profissionais mais perfeccionistas e que se dedicam exaustivamente ao seus ofícios. Seu pior efeito é desencorajar você a seguir em frente e fazê-lo perder oportunidades. E veja que curioso: segundo Jessica Collet, professora de sociologia da Universidade de Notre Dame, que fez uma pesquisa sobre o tema, as pessoas que realmente têm resultados menos brilhantes não sofrem dessa síndrome. Elas realmente acham que são o máximo. Então, aí vai uma pista para lidar com esse sentimento: em vez de paralisar, pense pelo lado positivo. Se você está com a sensação de que está conquistando mais do que merece, é sinal de que avançou bastante e está começando a colher frutos. Receba seu sucesso com a certeza de quem fez por merecer.

O sucesso não é obra do acaso, ele precisa ser conquistado – e está sendo. Claro que em alguns momentos, você vai passar por dificuldades, mas não é sinal de que você não é bom o bastante e deve desistir. Até as pessoas mais bem-sucedidas da história não tiveram apenas vitórias. E mais: mesmo elas, no auge da glória, se viram em algum momento como impostoras ou não merecedoras de estarem no pódio em que chegaram.

Um fato interessante é que a síndrome do impostor parece atingir mais mulheres do que homens.

Homem ou mulher, lembre-se de que ninguém, nem os seres humanos mais brilhantes e especiais que já passaram na história, poderá jamais agradar a todos. A sua força está dentro de você. Quanto mais você se amar, apreciar suas qualidades, aceitar suas imperfeições e erros, mais difícil será de alguém te sabotar. Inclusive você mesmo.

AMAR A SI MESMO. A MAIS SILENCIOSA. SIMPLES. E MAIS PODEROSA. REVOLUÇÃO. DE TODOS OS TEMPOS

NAYYIRAH WAHEED

COMIGO FOI ASSIM

DE ACIDENTE DE CARRO A CADEIRANTE E CRIADOR DE APLICATIVO PARA AJUDAR OUTROS BRASILEIROS EM CADEIRA DE RODAS

DEPOIMENTO: BRUNO MAHFUZ

Sofri um acidente de carro em junho de 2001, quando tinha 17 anos, e utilizo cadeira de rodas desde então. Todos sabemos que o direito de ir e vir é garantido pela nossa constituição, porém, para o cadeirante, é sempre uma surpresa na hora de sair de casa, a gente nunca sabe o que vai encontrar. Mas eu não tinha noção que um dia criaria um aplicativo para ajudar milhares de pessoas em condições semelhantes a minha.

Eu nunca havia trabalhado com aplicativos ou tecnologia, meu currículo traz uma trajetória focada em trabalho de marketing em grandes empresas. As conversas a respeito do Guiaderodas, que ainda não possuía esse nome, surgiram no final de 2014. O objetivo era utilizar minhas vivências como cadeirante para auxiliar eventuais desafios vividos por outras pessoas.

Entre novembro de 2014 e julho de 2015, desenvolvemos o conceito do aplicativo e uma abordagem forte com o intuito de desconstruir a percepção generalizada de que acessibilidade diz respeito somente a alguns. Ela diz respeito a toda a sociedade! Assim criamos o slogan "uma ideia quando é boa, é boa para todos".

Estabelecidos a abordagem e o conceito, era a hora de desenvolver a ferramenta. O Guiaderodas foi lançado em fevereiro de

2016 como um aplicativo dirigido à pessoas com restrição de mobilidade para avaliação e consulta da acessibilidade em vários estabelecimentos pelo mundo.

Até hoje, nossa principal dificuldade é fazer com que pessoas que não portam necessidades especiais também se engajem na causa de forma perene. Para isso são necessárias ações contínuas de conscientização. E tem dado certo: hoje mais de 60% dos nossos avaliadores não são portadores de necessidades especiais e isso é maravilhoso para nós!

Nós do Guiaderodas sentimos um grande prazer em oferecer informações de qualidade para que as pessoas com dificuldade extra para sair de casa possam planejar seus destinos com mais conforto e segurança. É uma grande alegria ver nosso esforço reconhecido. Em 2017 ganhamos o importante prêmio World Summits Awards (WSA), na categoria "a melhor solução digital inclusiva no mundo". Essa premiação, organizada pela cúpula das Organizações das Nações Unidas (ONU), avalia iniciativas em 178 países.

Para aprimorar nossa infraestrutura e diminuir nossos custos, também contamos com as soluções do BizSpark. Quando lançamos o aplicativo optamos por um escopo reduzido, nosso MVP. Com um pacote reduzido de ferramentas disponíveis conseguimos otimizar os processos e, com o passar do tempo, foi possível lançar novas funcionalidades atendendo as expectativas da nossa demanda. Ouvindo nosso público. E melhorando cada vez mais nosso serviço.

CAPÍTULO 9

COMO PAGAR AS CONTAS MENSAIS VIVENDO DO SEU SONHO

"AH, COMO EU QUERIA MUDAR DE VIDA E VIVER DO MEU sonho, mas não posso... Afinal, alguém precisa pagar as contas!" é uma das frases que mais ouço. Afinal, o sonho move nosso coração, mas ainda precisamos de dinheiro para mover todas as outras áreas da vida. Custo para morar, comer, se locomover. Na China, existem locais onde se paga até mesmo para respirar! Tudo isso parece, se compararmos ao seu sonho, mais relevante.

Qualquer projeto precisa de dinheiro para dar certo, mas isso não significa que, se você não tem dinheiro próprio para investir em uma nova empreitada, tem custos mensais fixos altos para pagar ou até mesmo uma obrigação contratual ou familiar com um negócio que não o preenche emocionalmente, não conseguirá sair do lugar.

Em primeiro lugar, você precisa entender que as maneiras de financiar qualquer projeto mudaram. E não estou falando aqui apenas de financiamento coletivo, algo que faço muito bem, obrigada. Sim, vamos falar de como o financiamento coletivo da Kickante já ajudou mais de 50 mil pessoas no Brasil e milhões ao redor mundo, e vamos falar sobre por que a União Europeia criou um núcleo para fomentar o desenvolvimento do financiamento coletivo/*crowdfunding*, ou vaquinha, pois percebeu que isso diretamente promove o desenvolvimento de seus países. No entanto, aqui, quero falar de opções.

Antes de fazer a projeção financeira do seu sonho, você precisará fazer um planejamento financeiro do seu projeto de vida. Não cometa o erro de ser pessimista em relação a quanto pode cortar nos gastos mensais (*todos* podemos viver com menos) e otimista em pensar que vai ganhar dinheiro rapidamente (*todos* os projetos precisam de tempo de maturação). Quando lancei a Kickante, cortei consideravelmente minhas despesas mensais e projetei três anos de maturação para começarmos a nos sustentar com dinheiro próprio.

QUANTO VALE O SEU SONHO?

Reflita você também: Quanto precisaria gastar de custo fixo mensal para fazer seu projeto sair do papel, pensando nos doze primeiros meses? Volte lá no seu planejamento e faça uma projeção para os três cenários que discutimos no Capítulo 8: melhor cenário, cenário esperado e pior cenário. Lembre que o gasto necessário engloba não só o investimento financeiro, mas também o esforço de tempo. Mensure os dois. Ambos são igualmente importantes.

Alguns projetos são independentes e temporais, assim, é mais indicado financiá-los com uma pré-venda pontual via Kickante, por exemplo. Dessa forma, você não começará a gastar antes de garantir seu público.

Para os projetos de longo prazo, se você for alucinado por segurança como eu, faça como fiz e planeje o custo de operação do primeiro ano do projeto sem contar com lucros que virão. Assim, qualquer valor é *lucro*. Claro que você precisa se preocupar quanto antes em trazer clientes — ou seu segundo ano estará em risco —, mas é bom estar preparado do ponto de vista financeiro para um faturamento bem baixo. É preciso garantir que você terá dinheiro para viver independentemente do retorno financeiro do projeto nesse início — isso se o projeto der retorno. Caso decida pegar dinheiro emprestado, jamais, repito, jamais, se comprometa com os pagamentos da dívida em curto prazo contando com um lucro rápido. Se você acredita que terá lucro em três, seis meses ou um ano, no mínimo, dobre o tempo.

Se você calculou quanto precisa para tirar seu sonho do papel e tomou um susto com o custo do seu projeto nesse começo, revise os processos. Questione-se: Será que preciso de toda essa estrutura? É possível reduzir algo? Se você colocou na previsão o aluguel de um escritório, avalie se, nesse início, poderia trabalhar de casa. Estava pensando em fazer as entregas via correio? Pesquise se não economizaria usando um serviço de bicicleta, algo muito comum aqui na Holanda. Organize claramente os fluxos de trabalho para limitar perdas de energia e dinheiro quando o trabalho de um colaborador encontra o de outro. Nas relações de negócios, podemos trocar ações por serviços e visibilidade por acesso a softwares - a maioria das grandes empresas de software oferecem isso, mas você precisa perguntar. Observe todos os recursos, físico e humanos, que podem existir perto de você na hora de enxugar o orçamento.

O conceito de que empresa grande, com uma quantidade enorme de funcionários, é empresa de sucesso é defasado, mas é algo que ainda escuto muito nas ruas. Empreendedores exclamam como se segurassem um troféu: "Meu time já tem 60 pessoas!". Esse indicador sozinho é sinônimo de preocupação, não sucesso. Sucesso é time organizado e processos claros para todos — assim não há capital humano mal aplicado. Sim, podem existir times incríveis de 60 pessoas. Mas nesse caso o foco não deveria ser o tamanho do time, mas que impacto se consegue fazer com ele.

Com a internet e a evolução de ferramentas que facilitam o trabalho no nosso dia a dia, conseguimos realizar mais com menos, possibilitando que projetos variados saiam do papel. Como o seu.

A nova economia traz empresas com possibilidade de crescimento exponencial. Está vendendo mais? Hora de negociar termos ou repensar a logística de envios. Métricas apontam que apenas uma mídia social é relevante para o seu negócio? Hora de repensar como seu custo de marketing está estruturado. Questione sempre como gasta cada centavo ou investimento de tempo no seu projeto. Revisão dos custos é um exercício que precisa ser feito trimestralmente em nível micro: observando cada linha de gasto da empresa. Adote esse questionamento em relação aos custos até mesmo quando estiver ganhando muito. Raramente não encontrará algo que pode ser mudado para economizar sem comprometer a essência do projeto. Não se apegue a maneiras de fazer o mesmo. É importante se acostumar, desde o início, com a agilidade da mudança — e não apenas por questões financeiras. Essa postura será necessária em diversas fases do projeto. Já vi muitos profissionais com problema, mas parados com medo de sair da zona de conforto. Simplesmente não conseguiam enxergar que mudar seria o divisor de águas para seu projeto deslanchar ou a única maneira de sobreviver.

Empreender é entrar em um fluxo constante de mudança. Tenha isso em mente. Empreendedor de sucesso não se senta em mudança. Ele se adapta. Ajusta. Muda. Re-co-me-ça o tempo todo.

Lembra aquele fluxo para chegar ao *a-ha moment* de que falamos no Capítulo 7? É aqui que, como empreendedor, você deverá ser o capitão daquele círculo constante de dados, informação, conhecimento, *insight* e inovação. E aviso de antemão: na maioria das vezes, as mudanças necessárias inicialmente não o farão se sentir bem, mas siga mesmo assim.

● ● ● TÁ TUDO MUITO LINDO, TÁ TUDO MUITO BEM, MAS... CADÊ O DINHEIRO?

Você tem calafrios só de pensar em pedir empréstimo ao banco e ter aquelas parcelas infinitas e cheias de juros embutidos para pagar? Eu também! Você tem um valor aplicado e está pensando em usá-lo para tirar seu projeto do papel? Desaconselho a fazer isso. Não mexa na sua poupança. Você pode precisar dela enquanto espera seu sonho deslanchar. Existem outras maneiras de financiamento sem risco e sem juros exorbitantes para qualquer projeto, sonho, renda extra, o que quiser fazer.

Muitos projetos no Brasil ainda surgem a partir de editais de apoio dos governos municipal, estadual ou federal. Existem editais para as áreas de arte, empreendedorismo social, para fazer melhorias e projetos na sua cidade. Se você acredita que seu projeto pode mudar a vida das pessoas para melhor, talvez seja uma boa ideia oferecê-lo ao poder público.

O ponto de partida é apresentar um projeto consistente e que realmente traga benefícios. É recomendável conversar com pessoas relacionadas ao órgão responsável pelo edital e participar de eventos desse órgão, pois o processo é sem dúvida burocrático, e um formulário não preenchido (ou mal preenchido) desqualificará seu projeto. Mas não se assuste! Várias agências e vários profissionais independentes trabalham com a confecção dessas propostas, guiando o empreendedor, artista, escritor e outros criadores ao sucesso. Busque identificar as pessoas recomendadas em sua cidade ou seu estado e converse com elas para entender se esse seria o melhor caminho para você.

FINANCIAMENTO COLETIVO

Não por acaso, a minha forma preferida de financiamento é o *crowdfunding*, o financiamento coletivo, a vaquinha. O movimento é tão bom que tem três nomes! Ao contrário do que muita gente pensa, o *crowdfunding* **não funciona apenas para arrecadar dinheiro para causas sociais. O financiamento coletivo serve para qualquer projeto que esteja de acordo com as leis do país.** Em países como Israel ou nos Estados Unidos, os projetos de inovação em produtos estão entre os mais populares.

No Brasil, nos primeiros três anos, a Kickante chegou a 40 milhões de reais distribuídos para projetos no país todo. Desse total, 30% foram para artes (música, literatura, cinema etc.) em anos em que o governo cortava verbas. Música instrumental, samba, rock, MPB, funk, artistas consagrados ou novos nomes foram beneficiados. Outros 30% foram entregues para causas sociais. Tivemos ONGs captando fundos e pessoas físicas como eu e você captando para projetos pessoais ou emergenciais.

Um caso que sempre me emociona é o da menina Manu, com seu Kickante *Uma Mãozinha para Manu*. A menininha, que nasceu sem uma das mãos, arrecadou mais de 158 mil reais para comprar uma prótese. Receber, meses depois, o vídeo da Manu, pintando suas unhas e dizendo "Olha, agora eu já posso pintar minhas unhas..." me emociona até hoje. Esse é o poder do coletivo!

Distribuímos ainda 40% para atletas, inovação em produto, pequenas empresas, viagens para concursos ou estudos. Se você consegue imaginar (e seu projeto está de acordo com as leis do país), o financiamento coletivo pode ajudar.

Sim! É possível até mesmo abrir um negócio por meio do financiamento coletivo, captar para crescer ou captar para evitar a falência.

Na Kickante, cresce o número de empreendedores que vêm para nossa plataforma e tiram seus projetos do papel, fazendo pré-venda dos seus produtos por meio da contribuição de pessoas que querem participar.

Um *case* interessante de empresa é do aplicativo de relacionamentos Joinder.me. Ele é 100% brasileiro e combina os pretendentes de acordo com suas características astrológicas. A Carla Martinez Ribeiro, fundadora do app, procurou a Kickante buscando captar 20 mil reais para fazer uma expansão das ferramentas do seu aplicativo. Persistente e apaixonada pelo projeto, Carla lançou um financiamento coletivo via Kickante e obteve sucesso na captação. Ela conseguiu, inclusive, visibilidade do app para a comunidade Kickante, um público que ainda não o conhecia.

Existem também negócios digamos, temporários, aqueles que existem para realizar um sonho e gerar renda extra, mas não são um negócio propriamente sustentável, seja devido ao tamanho do nicho ou ao tempo disponível do empreendedor. E aqui me vem à mente o caso do Fábio Neto, que financiou seu projeto de kits para montar miniaturas de carro com os mais de 138 mil reais arrecadados na sua primeira campanha na Kickante.

Começar uma campanha é simples. Após preencher seus dados em **Kickante.com.br/criar**, em cinco minutos você começa a captar. Contudo, o tiro pode sair pela culatra se você não for consistente. Um exemplo de *case* que não deu certo foi o de um influenciador com 500 mil seguidores nas redes sociais. Ele tinha uma página na qual as pessoas se informavam sobre fitness e resolveu criar uma campanha de *crowdfunding* para ajudar as crianças de uma comunidade carente a praticar esporte. Resultado: não conseguiu doações. Por fim, ele aceitou que, para engajar as pessoas em um tema novo, precisaria ter conversado um pouco mais sobre o assunto e evangelizado seu público sobre sua importância. Ele não captou fundos para esse projeto, mas adquiriu um enorme aprendizado a custo zero, visto que no financiamento coletivo você **só paga uma taxa sobre o que captar,** e, se não captar, não paga **nada**.

Entenda, porém, que os benefícios do *crowfunding* vão além do dinheiro. Além de marketing digital gratuito, o financiamento coletivo lhe dá a chance de fazer uma pesquisa de mercado a custo baixíssimo. Quando lançou sua carreira solo, o Esteban Tavares, ex-integrante da banda Fresno, fez uma campanha na Kickante e perguntou para os fãs o que queriam de recompensa. O público pediu a discografia completa. Ele foi atrás e a disponibilizou. E para definir o valor daquela recompensa consultou o público novamente. Muitos que já tinham participado contribuíram de novo!

No caso de uma ONG ou causa social liderada como pessoa física, suas opções são maiores. Além de poder se beneficiar de possíveis pré-vendas e eventos para captar fundos, você pode também fazer uso de outras formas de financiamento criadas no *marketplace* financeiro da Kickante. Além do próprio financiamento coletivo, você pode fazer uso da doação mensal e dos Eventos do Bem (nos quais

apoiadores do seu projeto captarão por você nas suas datas festivas!).
Você terá apenas de seguir nosso plano de marketing para engajar o
público e, obviamente, ter um projeto consistente para justificar a
arrecadação.

●●● A CIÊNCIA DA ARRECADAÇÃO DE FUNDOS

Para ser bem-sucedido em uma campanha de captação on-line ou
no financiamento coletivo, tenha em mente que sua rede direta de
contatos deve se engajar na fase inicial do projeto. Assim, você conseguirá mais tarde atrair as pessoas que ainda não o conhecem. Sua
rede direta valida sua proposta e lhe dá o ibope de que precisa, seja
por meio do *crowdfunding*, pré-venda em alguma loja on-line, seja na
loja física. No on-line, como no mundo off-line, desejo gera desejo.

Para uma campanha de captação viralizar, não basta jogar nas redes
sociais uma vez e esperar que as "forças da internet" impulsionem sua
mensagem. Não vai acontecer. O mundo on-line funciona com trabalho diário, para que o retorno aconteça. Para que a mensagem seja
compartilhada. Para que sua mensagem *viralize*.

Como aumentar as possibilidades de seu conteúdo ser compar-
tilhado na internet, aumentando as chances de sucesso no pré-lançamento ou *start* do seu projeto? Que tipo de conteúdo as pessoas
gostam de compartilhar? Diversos estudos apontam para três tipos de
conteúdo:

1. CONTEÚDOS QUE NOS FAÇAM PARECER MAIS
   INTELIGENTES: dicas inéditas, descobertas científicas, acon-
   tecimentos inacreditáveis, listas sobre "como fazer algo";

2. CONTEÚDOS QUE MOSTRAM NOSSA BONDADE e ajudam o próximo. Que dizem ao outro que somos bons;
3. CONTEÚDOS ALEGRES SÃO COMPARTILHADOS mais do que conteúdos negativos, assim como conteúdos *raw*, reais, são compartilhados mais do que conteúdos mascarados. Mostre sua autenticidade da maneira mais honesta possível.

Caso tenha feito uma postagem que julga interessante e não houve grande engajamento, lembre que marketing é teste. Republique sua mensagem: se a postagem não deu repercussão imediata, o Facebook tira sua visualização da linha do tempo de sua rede rapidamente. Então, publique de novo em outros horários para ver se o engajamento muda.

Esse direcionamento vale tanto para o mundo on-line, como o off-line, e-mail marketing ou outras formas de captação: 1. Seja autêntico, conte histórias, 2. Faça listas com conteúdo relevante para seu público, 3. Reenvie mensagens não abertas e 4. Vá além da emoção: gere reação.

É importante que desde o início do projeto você comece a organizar seu banco de dados. O banco de dados é o ouro de qualquer projeto, pois é com ele que você consegue criar um relacionamento e formar opinião. E se você tem dúvidas sobre qual a quantidade ideal para começar a organizar e grupar seu banco de dados, a resposta é: armazene em Excel ou use um dos muitos bancos de dados — ou CRM (*customer relationship management*, em inglês, gerenciamento do relacionamento com o cliente) — gratuitos, como CIVI CRM. Com isso, você consegue criar um relacionamento de fato e mantém-se em contato constante com seus contribuidores. Armazene nome completo, informação de contato, como contribuiu, se foi a evento, on-line ou outros, datas de cada contribuição, CPF, e-mail e preferências de comunicação. Com esses dados, você pode planejar bem suas campanhas de captação de maneira profissional.

No entanto, se estiver pensando em comprar um banco de dados, tenha cuidado, pois a maioria não funciona em curto espaço de tempo. Aqui também é preciso educar sua base para que traga resultado e se certificar que está alugando ou comprando base de um provedor respeitável, ou sua mensagem cairá no *spam*, ou seja, lixo. Envios a uma boa base lhe darão um retorno de engajamento entre 0,5% a 2%, no máximo. Em captação e marketing chamamos essa lista de prospecção. Você está prospectando quem poderia ser um cliente em um universo de talvez 1 milhão de nomes.

Vivemos no mundo dos relacionamentos. Então você terá de criar um relacionamento com esses 0,5%-2% a longo prazo. Dependendo do seu negócio, da sua margem e do custo da lista inicial, a conta não fecha. Por isso, cuidado no planejamento.

Pergunte ao provedor sobre a taxa de abertura (quantas pessoas em geral abrem o e-mail), e qual tema lhes interessa mais. Pergunte também qual a taxa de clique (quantas pessoas costumam em média clicar nos links do e-mail para saber mais). Isso lhe dará uma ideia de retorno de investimento, assim como uma comparação de resultado *versus* promessa.

O mais importante aqui é entender que em campanhas de lançamento você terá de persistir e ficar em paz com os resultados *a longo prazo*, evitando que o desânimo tome conta em situações que parecem ruins, mas, na realidade, são normas do mercado. Imagine que inicia uma campanha de lançamento, recebe apenas três contribuições ou compras. Nem sua mãe participou! Quando isso acontecer, e provavelmente vai acontecer, lembre-se deste conselho: continue. Porque a ciência da captação de fundos e do lançamento de novas iniciativas demanda persistência por meio da repetição, distribuição e teste. Lembra aquela imagem que diferencia o persistente do teimoso? Pois é, vamos ser persistentes testando novas possibilidades, e não teimosos, batendo na mesma tecla A, esperando ver na tela o B. Teste novas ideias. Fale o mesmo de maneira diferente. Deixe a criatividade aflorar.

A regra para se destacar é pesquisar on-line sempre novas tendências. Temos um vídeo para divulgar a Kickante que foi criado com o PowToon.com, ou seja, custo zero, que já foi visualizado mais de 168 mil vezes. Recomendo que olhe a sua lista de aplicativos no celular. É muito provável que você já esteja familiarizado com apps que farão seus vídeos ou fotos se destacaram na internet. Falaremos mais sobre como usar a mídia social para divulgar seu projeto com sucesso no Capítulo 11. O que vamos seguir falando aqui é: *Cadê o dinheiro?*

TIPOS DE INVESTIDORES PARA PROJETOS BRASILEIROS

Existem no mercado inúmeras empresas ou indivíduos especializados em investir em novos projetos. Note também que, ainda que essas empresas se popularizaram por investir principalmente em empresas dot.com (empresas da internet), a maioria delas está interessada em qualquer projeto que dê retorno ao investimento. Se o seu projeto tiver um elemento inovador (algo que já exista, mas feito de maneira diferente ou com alguma melhoria para impacto em grande escala), esses investidores especializados em buscar novos negócios promissores poderão se interessar.

O ponto importante aqui é: eles **são especializados** nisso. Então, prepare-se você também. Um *investor's deck* (documento de apresentação da empresa) é o ponto de partida e pode abrir ou fechar portas para você. Já fiz na Kickante quatro rodadas de investimento bem-sucedidas, com uma taxa de êxito de 100% entre investidores que negociei e aqueles que de fato investiram.

A primeira regra para captar via investidor é: nunca inicie sua captação quando precisa com urgência do dinheiro. Alguns investidores que leem este livro não vão gostar da comparação, mas bons entendedores entenderão: assim como o animal pode perceber quando um humano está com medo, o investidor também. Medo de não fechar um investimento ou desespero em receber o valor rapidamente significa jogar todas as suas cartas de negociação fora. Mantenha os custos baixos. Não gaste antes de receber. E nunca, nunca considere qualquer investimento fechado antes de o dinheiro estar na conta. Não importa se o contrato foi assinado. Não importa se as negociações têm sido positivas e estão avançadas, e que existe uma grande oportunidade que você não pode perder enquanto espera. Muitos empreendedores começam a gastar (assinar contratos comprometedores) antes mesmo de fechar completamente um investimento porque têm absoluta certeza que tudo ocorrerá como planejado. Se o valor não estiver na conta, mesmo com o contrato assinado ou as negociações positivas avançadas, considere que você ainda não fechou. Cuidado.

Uma pergunta que recebo constantemente é: *como saber quanto captar antes de lançar?* Isso depende muito do seu negócio. Você pode captar para o desenvolvimento do seu MVP e período inicial de teste beta do produto ou pode captar um grande valor para obter uma patente inovadora. A regra aqui é partir de uma boa projeção financeira e fazer sua melhor proposta com base no valor de mercado da sua ideia. **Você deve negociar com base em fatos e captar com base no potencial. Em uma boa negociação, o investidor comprará oportunidade.**

Vou contar como ocorreu a primeira captação da Kickante. Propositalmente não vou falar aqui de termos como *seed money, A, B, C series* e sei lá quais novidades criarem no mercado. Esses termos apenas trazem mais barreiras e elitismo em um mundo onde a equação, meu caro, é simples: ideia boa ou resultados consistentes e com potencial? Dinheiro na conta. Má ideia ou resultados abaixo do potencial? *Não captarás.*

No caso do primeiro investimento da Kickante, eu tinha muito claro que não iniciaria a empresa sem um ano de caixa assegurado. Não era uma decisão com base nos números apenas. É parte da minha personalidade precisar de segurança e busquei cobrir também essa necessidade emocional com o modelo e as especificações do investimento buscado. Ao empreender, suas emoções serão postas em prova diariamente. É melhor não adicionar desafios evitáveis. Um ano era o tempo que eu julgava necessário para validar o mercado e estabelecer nosso nome. Eu queria ter a possibilidade de saber que, se em algum mês o plano desse errado, eu poderia operar com lucro zero e ainda prosperar.

Com a ajuda de um profissional que respeito muito e que vem do mundo financeiro: o pai do meu filho, meu braço direito e melhor amigo, Salman Saif, e eu pesquisamos o mercado e criamos um plano de negócios e um *investor deck* (uma apresentação que mostra um panorama geral do negócio para investidores e fundos de investimento). Com um plano de negócios detalhado e um *deck* que apresentava os dados de maneira atraente e rápida (20 páginas) em mãos, entrei em contato com pessoas de alto poder aquisitivo, com quem eu já tinha trabalhado antes. Meu investimento monetário para o começo da empresa foi uma viagem de quatro dias para Nova York para apresentar o projeto e fechar o investimento. Ao apresentar a proposta aos investidores, eles propuseram investir inicialmente apenas o valor necessário para a criação da plataforma e, caso eu alcançasse o resultado no tempo determinado, o restante do valor viria para meu primeiro ano de operação da empresa, como eu desejava. Concordei e, três anos depois, aqui estamos como uma das maiores *fintechs* (*startup* do meio financeiro) da América Latina!

Minhas captações de investimento foram fechadas entre um mês (em três ocasiões) a dez meses (a mais recente, no Brasil). Isso entre o primeiro e-mail de contato e o valor em conta. No entanto, já ouvi casos de captações no Brasil em que o tempo ultrapassou um ano. Então ressalto aqui a necessidade de atenção ao fluxo de caixa e à expectativa de recebimento. Seu investidor disse que fecharia em três meses? Dobre a expectativa. Um dos maiores problemas dos empreendedores não é a ideia, não é o mercado, não é nem o momento de começar: é seu fluxo de caixa. Já vi milhares de projetos serem lançados e financiados na Kickante e estou aqui para afirmar: existe mercado, existe consumidor, e toda ideia tem seu nicho no nosso país. Não são esses os problemas. Parece um paradoxo: *existe mercado, e existe problema de fluxo de caixa*, mas não é. Existe tanto a ser feito e tantas possibilidades, que o empreendedor peca pelo otimismo e erra no **planejamento**.

Vamos agora desmistificar os tipos de investidor, para que você tenha uma ideia melhor do ideal para o seu tipo de projeto e, por fim, falaremos sobre prêmios. Você sabia que existe até prêmio para transição de carreira para pessoas que queiram trabalhar com algo de impacto social? Pois é! Se for do seu interesse, o premiado pode ser você!

INVESTIDORES: OS TÃO FALADOS, MAS RARAMENTE VISTOS

Existem vários tipos de investimento financeiro. É importante pesquisar com atenção o perfil de cada investidor, ler a informação no site deles e aplicar apenas para investidores alinhados com o que você faz, pois o processo entre o primeiro contato e o recebimento do valor é longo, e geralmente requer grande troca de informações. O tempo que você investirá nessa troca de informação com investidores que não estão buscando projetos no seu estágio de desenvolvimento ou tipo de negócio e, por fim, não investirão na sua ideia, é mais bem aplicado trabalhando no seu negócio e dando respostas mais bem elaboradas aos poucos investidores que de fato poderão fazer a diferença para você. Opte pela qualidade *versus* quantidade.

- *Angel money* ou investidor-anjo: no Brasil, investem em geral entre 15 mil até 250 mil reais em projetos iniciais. Os investidores-anjo investem em pessoas próximas e conhecidas e por vezes têm como objetivo vender sua parte no negócio para um investidor maior no futuro. O investidor-anjo pode ser um familiar, amigo, ex-chefe, colega de trabalho ou profissionais com alto poder aquisitivo que querem apostar em ideias novas. Como o investidor-anjo geralmente é alguém com um relacionamento prévio com o empreendedor, é fácil esquecer que um novo tipo de relação está prestes a ser criado, é importante ter um contrato bem escrito por um advogado. Isso protegerá seu investimento, assim como o relacionamento. Caso você não tenha alguém na sua rede que poderia investir, participe de eventos, envie sua proposta para grupos localizados em

São Paulo, como Anjos do Brasil, LAAS, ou Harvard Business School Alumni Angels of Brazil e faça parte de grupos como Mulheres que Decidem, Startse, Rede Mulher Empreendedora, Associação das Startups do Brasil e outros para expandir sua rede de contatos profissionais.

- *Family office*, ou escritórios que gerenciam grandes fortunas de famílias: no Brasil, chegam a investir entre 500 mil a 2 milhões de reais e normalmente procuram quem já tenha uma carteira de clientes ou produtos e busque dinheiro para expandir os negócios. *Family offices* são mais difíceis de encontrar. Geralmente são eles que "acham você" por meio da recomendação de alguém em quem já tenham investido, evento ou de alguma aparição da sua empresa na mídia. Algumas celebridades também criaram seus escritórios de investimento, como é o caso do Luciano Huck. No caso de celebridades, podem investir com valor monetário ou simplesmente exposição da empresa em troca de participação societária. E antes que diga *jamais*! eu digo: nunca subestime o poder de contatos *versus* dinheiro. Uma boa porta aberta pode fazer toda diferença no futuro e crescimento do seu projeto. Um contrato denominado *phantom shares* poderá dar à celebridade o que ela precisa e a você toda a proteção para receber o que busca em troca. Converse com seu advogado.

- VC (*venture capital*): são os investidores de aceleração que, aqui no Brasil, investem acima de 2 milhões a 10 milhões de reais em empresas que já faturam, para que possam crescer e passar por fusão, venda ou abertura de capital no futuro. Trazer uma VC para seu projeto significa trazer um valor alto, de que talvez você não precise. E você terá de abrir mão de uma independência criativa de que com certeza precisará. Claro que existem vantagens em ser acelerado por um *venture capitalist*, mas saber o momento certo de trazer uma VC para o seu projeto é provavelmente uma das mais importantes decisões que você precisará fazer nesse sentido.

- Aceleradoras e incubadoras: são centros comunitários com empreendedores em geral conectados pelo tema da aceleradora ou incubadora. A intenção é ter pessoas com interesses comuns, para assim possibilitar uma troca rica de informação e até mesmo parceria entre eles. Incubadoras e aceleradoras estão sempre em busca de uma boa ideia. Antes de optar por uma delas, defina o que a sua *startup* está tentando alcançar. Procure uma alinhada com o valor e os objetivos de sua *startup*. Também tome cuidado com os termos contratuais da incubadora ou aceleradora. O ambiente é *cool*, com cores vibrantes e pessoas divertidas, mas contrato é contrato e deve ser revisado por um advogado sempre. Não aceite abusos embrulhados para presente.

- *Royalties*, comissão ou porcentagem de receita: muitas vezes, os investidores não querem ser donos legais do projeto. Eles querem os lucros do serviço ou o produto. Para receber esses valores, existem acordos de *royalties*, também conhecidos como comissão ou porcentagem de receita. Por exemplo, imagine que Marta dá 1 milhão de reais para a empresa XYZ em troca de 3,5% de cada produto vendido nos primeiros 20 anos. Marta, nesse cenário, assume que a tal empresa venderá uma quantidade de produtos suficiente para tornar seu investimento mais do que vantajoso.

- Negocie um pagamento antecipado de um parceiro estratégico: uma boa opção é criar um serviço ou produto em que a empresa para que você trabalha ou um cliente estratégico se torne seu primeiro cliente. Meu principal conselho é: nunca saia de uma empresa batendo a porta nem brigando com o chefe. Exija sempre seus direitos com profissionalismo e fatos concretos, mas deixe a emoção de lado, assim, você se tornará um profissional que se destaca e com quem essas mesmas pessoas poderão fazer negócios no futuro. Hoje, as pessoas para quem e com quem já trabalhei são grandes amigos e parceiros profissionais ao redor do mundo. E garanto que nem sempre estive feliz com cada um deles — provavelmente nem eles comigo. A vida é um ciclo infinito para quem sabe manter as portas das oportunidades sempre abertas.

COMO CONSEGUIR O SIM DE SÓCIOS E INVESTIDORES

Os maiores receios de novos empreendedores são: mas será que alguém vai querer investir no meu projeto aqui no Brasil? Isso não é coisa para quem já tem contatos e, no fundo, o investidor é um amigo do pai, ou um contato da faculdade? Olha, gente para investir tem, sim. Tem investidor não só do Brasil, mas também de fora, que está de olho no país e nas iniciativas criativas das quais somos capazes. Segundo a advogada americana Margaret Bae, da Olshan Frome Wolosky LLP, os investimentos no Brasil têm aumentado de forma constante. Em 2015, foram 594 milhões de dólares investidos em 182 negócios, tornando o país o mercado líder em investimento de risco da região, apesar da crise econômica e política.

O ponto que o investidor mais analisa é se acredita que você tem potencial em fazer o projeto lucrar. A resposta que recebo de todos os investidores sobre o que os faz apostar em uma *startup* é sempre muito parecida: as pessoas que estão no projeto.

Em uma conversa com John Ng Pangilinan, investidor de Cingapura e dono de uma das maiores fortunas do país, ele repetiu o que outros investidores em Nova York, na China e no Brasil já tinham me dito. No momento de decidir em quem investir, o investidor olha principalmente para o time. Isso porque ideias mudam, projetos e planos de negócios são flexíveis, a *startup* de hoje não será a mesma de anos após seu lançamento. No entanto, o time fundador permanece o mesmo. E deve ser um time vencedor, com *mindset* voltado para o sucesso e com uma clara fome de mercado.

Se você nunca se sentou na frente de um investidor, não se assuste. Lembre que ele é uma pessoa como outra qualquer e não se intimide. Se você está inseguro, digo de antemão: ele, como você, quer muito que o seu projeto seja a próxima grande ideia. Cada reunião com um investidor é uma nova chance de aprendizado. Ouça com atenção suas perguntas e seu estilo de liderança. Esse é um investidor que você quer por perto? Tem sua visão? Ele o respeita? Já investiu em empresas que deram certo? Quantas? O nível de interação que ele busca com a empresa está de acordo com sua expectativa? Imagine que se um investidor já apostou em 100 *startups* e apenas uma, ou nenhuma, deu certo, talvez o problema esteja nele. Um investidor pode tirar o seu foco ou ajudá-lo. Então, analise-o também.

Se, mesmo assim, você tem frio na barriga só de pensar em estar nessa situação, entenda que ninguém, nem mesmo o mais experiente dos empreendedores, poderia estar preparado para a reação dos investidores em uma reunião que ainda vai acontecer.

Para cada encontro com um investidor, prepare o *pitch* da sua empresa de maneira personalizada. Não existe uma fórmula perfeita, e talvez você precise elaborar algumas versões de acordo com o público para quem vai apresentar. Por exemplo, se sabe que determinado investidor não conhece nada do mercado em que você vai atuar, prepare um *pitch* com mais informações.

Se você nunca preparou uma apresentação (*pitch* ou *investor deck*) por escrito, busque *investor deck* on-line e vai achar modelos profissionais muito fáceis de usar. O *Slide Bean* é um dos que mais gosto.

Com a apresentação em mãos, peça a opinião das pessoas em quem confia. O que elas entenderam? O que lembram do *deck* é o que você queria passar? Evite muito texto nessa apresentação inicial e foque nas frases e nos dados de impacto. Acredite, caso haja interesse, você terá a chance de compartilhar muito texto e informação antes de fechar!

Lembre-se aqui de algo importante: o objetivo do seu *pitch* não é obter o sim para o financiamento de imediato, mas conseguir a próxima reunião. Então, dê menos informação e use mais frases e dados de impacto.

Ao contatar, então, os investidores que têm o seu perfil, recomendo iniciar as reuniões com os menos importantes. Sou uma captadora experiente e, até hoje, para cada nova captação, esquento meu *pitch* em reuniões com os investidores de menor peso para o projeto. Como empreendedor, você precisará alinhar seus diferenciais e sua oferta, terá que aprender como o mercado responde à sua proposta de valor e principalmente terá que responder a perguntas inusitadas. **É na forma como responde a essas perguntas que está o sucesso da sua captação.** Melhor testar quão afiado você está com quem não importa *tanto*.

Lembre que aqui não é o momento de ser humilde. Educado, sempre. Humilde? Melhor em outra situação. Esse é um ambiente de decisões grandes e rápidas. Um amigo meu do meio financeiro, cujo nome não vou citar aqui em respeito à sua privacidade, me disse quando comecei a captar: "Este mundo é mais emotivo do que você pensa. O investidor não investe porque terá retorno. Ele tem **interesse** porque terá retorno. Ele toma a decisão final porque não quer perder uma grande chance para o colega ao lado. É um jogo de ego".

Para chegar à decisão final, porém, você precisará de muita paciência. São incontáveis trocas de e-mails, encontros e perguntas que parecem não ter fim. No entanto, se tiver um bom projeto, e for transparente, rápido e preciso na comunicação, elas terão, sim, um final, e você terá o investimento que tanto deseja.

Ao pensar no seu investidor, vá além do Brasil. Ao pensar nos Estados Unidos, por favor, vá além da repetição cansada do Vale do Silício. Miami está lotada de investidores interessados na América Latina. O que você está buscando no Vale, onde a competição é acirrada? Fiz todas as minhas captações em Nova York, na China e no Brasil.

PREMIAÇÕES E CONCESSÕES

Prêmios são uma das maneiras de trazer uma grande sensação de reconhecimento, além de visibilidade na mídia, *networking* e dinheiro para a empresa. Do BizPark Plus da Microsoft, que visa atrair *startups* promissoras para sua plataforma Azure, recebemos 120 mil dólares, que usamos como crédito de servidor. Foi fundamental para o crescimento da Kickante em 2016, quando estávamos reestruturando a empresa. Da IBM, recebemos 140 mil dólares em crédito, também para uso dos seus mais variados produtos. Tivemos também meu prêmio Cartier Women's Initiative Awards, de 100 mil dólares, que está sendo usado para direcionar a expansão da empresa. E o Fintech

Awards Latin America, na categoria Usabilidade do Usuário, que deu o selo de garantia à nossa tecnologia.

Prêmios que não trazem dinheiro também são importantes, devido à visibilidade e ao selo de aprovação que os acompanham. Eles expandem os contatos. O prêmio pelo qual estou apaixonada no momento é o Effective Altruism (em tradução para o português, Altruísmo Efetivo). Como o nome diz, esse prêmio busca quem realmente quer fazer o bem e impactar a vida de muitas pessoas. Ele premia até mesmo pessoas que procuram direcionar a carreira para algo mais social, financiando meses de custos fixos do profissional enquanto ele busca recolocação no mercado.

Não importa qual meio você busque para conseguir dinheiro para tirar seu projeto do papel — financiamento coletivo, investimento anjo, *venture capital*, prêmios ou outros —, planeje inteligentemente e torne o tempo seu melhor amigo. Renove suas energias e a decisão de vencer a cada não recebido ou cada porta fechada.

Não existe empecilho grande o bastante capaz de parar um empreendedor que sai de casa determinado a vencer. Não existe humilhação grande o bastante capaz de ofuscar o desejo da pessoa que tem toda a vontade do mundo de dar mais um passo na direção dos próprios sonhos. Essa é uma energia contagiante e vencedora que abre portas e fecha contratos!

CAPÍTULO 10

GRANDE SONHO OU RENDA EXTRA?

O MELHOR CAMINHO PARA TIRAR UM GRANDE SONHO do papel é começar pensando em gerar inicialmente renda extra, começar pequeno, começar testando. Começar com seu MVP (produto minimamente viável).

O MVP é um teste controlado do seu modelo de negócio antes de lançá-lo para o público em geral, um modo de tirar sua ideia do papel e passar para a ação, mas de forma micro e, de preferência, com custo fixo baixo ou nenhum. Simplificando, o MVP previne que você invista muito — dinheiro, tempo, expectativa, visibilidade — em uma ideia que pode parecer boa, mas, por algum motivo, não vai para a frente no formato inicialmente pensado. O MVP lhe permitirá identificar esse motivo sem quebrar seu caixa.

No mundo do empreendedorismo, ouvimos conselhos como: "Domine seu mercado rapidamente, ou não sobreviverá"; "Se tudo está sob controle, você não está indo rápido demais". Concordo com essas frases, mas tudo tem seu tempo. O tempo de lançamento é um tempo de teste em escala menor, ajustes e observação.

Um exemplo que deu errado, mas hoje ocupa lares ao redor do mundo, aconteceu com a dona de casa norte-americana Joy Mangano, que, na década de 1990, teve a ideia de produzir um esfregão que torce e seca sem usar as mãos. Embora fosse uma ideia de fato muito boa, ela quase foi à falência devido ao erro no planejamento e na expectativa.

Naquela época, não existia internet. A mídia mais eficiente de vendas eram os canais de compras da televisão. Joy tinha um produto inovador e conseguiu uma oportunidade de apresentá-lo na TV a milhões de telespectadores. Esperando muitos pedidos, ela produziu bastantes itens, mas, para a surpresa de todos, houve pouco interesse pelo produto, que acabou com o estoque encalhado por algum tempo. Contudo, depois que ela conseguiu tomar a frente das vendas, o negócio deslanchou, inclusive porque Joy soube mostrar, com paixão e brilho nos olhos, como o esfregão funcionava para os espectadores do canal de compras.

Do que você precisa para desenvolver o seu MVP? Não basta apenas uma ideia e esperar para ver o que acontece. Um MVP é uma versão pequena e controlada do seu produto. Para trazer o teste de mercado e o conhecimento que pode lhe proporcionar, você precisa de preparo. Nada alarmante ou difícil. Em português claro, MVP é pegar a sua ideia e compartimentalizar ou simplificar a oferta dela em uma miniversão do seu projeto final.

Um dos maiores erros de lançamento é oferecer muitas opções, isso confunde o novo cliente. Aqui, menos é mais, o que também significa menos custos. Esse é um ponto que quero deixar muito claro. Não é necessário gastar muito para lançar e divulgar seu projeto. E quero que essa notícia boa sirva de estímulo para você seguir em frente. Você pode lançar uma semente e ver o que acontece, depois lançar sementes maiores para ver se florescem como as menores.

Existem muitas vantagens de criar projetos na era da internet. Veja a questão dos idiomas. Será que você vai ficar para trás se não souber muito bem o inglês pelo menos, já que a maioria das ferramentas que possibilitarão o lançamento do seu projeto de maneira barata e digital é disponibilizada nesse idioma? A resposta é não. Moro entre a Holanda e o Brasil, e não falo holandês. Falo inglês, espanhol, francês e, obviamente, português, mas o holandês ainda não tive tempo de aprender. Então, para navegar pelos sites em holandês, uso sempre o Google Chrome, o browser do Google, pois ele traduz todos os idiomas para aquele da sua escolha automaticamente. Assim, até mesmo a língua deixou de ser uma barreira intransponível. Você consegue ler, acessar e entender qualquer material digital, e até usar uma ferramenta em qualquer idioma, em tempo real. Recomendo que você acesse o site Appsumo.com e cadastre-se na *newsletter* da empresa para receber por e-mail a melhor curadoria de ferramentas para crescer o seu projeto – a preço de atacado. O Appsumo é uma espécie de Peixe Urbano ou Groupon de ferramentas digitais que ajudam o empreendedor a ganhar mais, gastando bem menos.

● ● ● **É NESSA FASE QUE VOCÊ VAI ATRÁS DOS SEUS PRIMEIROS CLIENTES!**

Não espere lançar o produto para falar com seus primeiros clientes. No caso da Kickante comecei a ir atrás dos clientes quando ainda estava na fase de desenvolvimento do site. Eu não tinha sequer uma página on-line de apresentação, apenas o desenho de como ele ficaria.

Lançar um projeto de maneira bem-sucedida, com menos tempo de maturação do mercado, requer atenção para a reorganização da sua linha do tempo de execução das tarefas. Naturalmente o ser humano coloca "Ter clientes" na mesma categoria que "Buscar clientes", mas o tempo de maturação entre um e outro pode significar meses de prospecção do mercado, e o fim do seu projeto. O impacto desse erro pode ferir a imagem do seu projeto, prejudicar o seu caixa e, por último, mas talvez o mais importante, afetar fortemente o seu moral ou o do seu time, caso tenha um.

Nessa fase, o mais indicado é buscar primeiro pessoas próximas para serem seus clientes iniciais. Temos uma brincadeira na Kickante que diz que, se ninguém próximo deseja participar do que você tem a oferecer, por que um desconhecido o faria? Pense nessa resposta caso esteja vivendo essa situação e vai achar aí a sua persona ou sua comunicação de marketing ideal.

Depois disso, parta para o Google, o Facebook, LinkedIn, as feiras do seu meio, revistas especializadas, ache os seus clientes! Meu primeiro cliente na Kickante foi o Mario Haberfeld. Pesquisando no Facebook, descobri seu projeto Onçafari, que preserva o Pantanal brasileiro por meio do ecoturismo, entrei em contato com ele, expliquei o projeto da Kickante, como pretendia fazer tudo acontecer, mostrei uma foto do que seria a página da *startup*, e fizemos uma call pelo Skype. Com a internet é tudo muito simples!

Meses depois da nossa primeira conversa, no dia do lançamento da Kickante, ele estava captando ao lado de Médicos Sem Fronteiras, artistas, escritores, atletas e outros grandes nomes na nossa plataforma. A campanha para fazer o projeto dele crescer deu certo! Ele arrecadou 25 mil reais em 2013. E retornou com novas campanhas um ano e meio depois e de novo em 2016. A cada retorno, ele encontrou uma plataforma ainda mais robusta e captou cada vez mais, pois fomos nos aprimorando desde aquele MVP, ou site inicial, que ele conheceu em 2013.

Buscar clientes antes de lançar seu produto é um ponto valioso, pois eles também podem ajudá-lo a aperfeiçoar a oferta. Esse foi um ganho maravilhoso para nós, porque eles também me disseram como esperavam que o financiamento coletivo atuasse e os ajudasse em seus projetos, e eu fui aprimorando diariamente nossa oferta para tornar a Kickante a melhor opção no Brasil.

Durante o seu MVP, você precisa estar preparado para receber o *feedback* que surgir — e existe uma possibilidade de que a experiência dos seus novos clientes seja negativa. Se você concluir que o produto não se adapta ao público-alvo, das duas uma: ou você está com o produto certo e o público errado, ou está com o produto errado e o público certo. O importante é manter não só os ouvidos e olhos abertos, mas, principalmente, a mente. Um bom empreendedor é treinável. Ele sabe ouvir críticas, analisar sem levar para o lado pessoal e ajustar o que faz sentido sem nenhum apego ao que imaginou tão claramente ser o caminho certo. Quem sabe é o mercado! E o mercado muda o tempo todo, além de não ter fidelidade alguma ao que pediu alguns dias atrás. Para sobreviver, o empreendedor precisa analisar suas verdades sempre.

MAS O QUE FAÇO PRIMEIRO: O MVP OU UM FINANCIAMENTO?

Depende. Se você tem credibilidade no mercado, é conhecido dos investidores por já ter trabalhado em grandes corporações, ou é um influenciador, pode iniciar a captação do dinheiro antes mesmo de fazer o MVP. Se não, crie ao menos uma página de apresentação ou protótipo do seu produto.

No caso da Kickante, consegui investimento-anjo inicial para a empresa apenas apresentando o meu plano de negócios. Por isso, insisto que reputação é tudo. Eu fiz a minha carreira de forma consistente e correta, nada foi de uma hora para a outra. Conquistei meu espaço nos maiores centros financeiros do mundo com dedicação, a ponto de poder chegar aos investidores, apresentar um projeto e ouvir: "Vamos nessa, estamos com você".

Se você realmente faz algo quando diz que fará, então terá uma oportunidade semelhante. Se não, poderá investir em si mesmo, na sua imagem no mercado nos próximos anos, enquanto planeja seu projeto, e, no momento certo, seu preparo terá uma oportunidade. Esqueça sorte. Não sei se ela existe, nunca a vi. No entanto, sei que não é palpável. Melhor trabalhar com o que podemos gerenciar: preparo, perspicácia e atenção a tudo ao seu redor.

A INOVAÇÃO DEVE SER CONSTANTE

Com o projeto encaminhado e, quem sabe, com sucesso inicial, você estará se sentindo confiante e poderá esquecer que esse é seu MVP. Você não pode usar hoje as práticas de ontem se quiser estar no mercado amanhã. Quando as pessoas me perguntam quantas vezes já inovamos na Kickante, respondo: 365 vezes, a cada ano. O cotidiano do empreendedor precisa ser de constante observação e abertura ao novo.

E atenção! Inovar não se refere exclusivamente àqueles criando a próxima revolução tecnológica. Inovar está vinculado em especial a interagir com o mercado da maneira como ele quer se relacionar com você.

Recentemente, a Oracle lançou uma plataforma digital para músicos criarem suas novas composições com o *input* dos próprios fãs em tempo real. Nos Estados Unidos e na Europa, o audiolivro está crescendo em popularidade, enquanto livros físicos e e-books estão caindo em vendas, tornando imprescindível ao escritor pensar nessa versão. No mundo dos negócios, a posição "Atendente de Grupo de Whatsapp" cresce em importância, multiplicando as vendas até mesmo de grandes empresas. Da mesma forma, a Kickante de hoje não é a mesma que veremos em seis meses. Estamos constantemente verificando nossos números, nossas métricas e nos reinventando a cada dia.

É preciso estar sempre atento. O desenvolvimento urbano, tecnológico e dos relacionamentos está evoluindo a uma velocidade exponencialmente maior do que apenas 20 anos atrás. Para a maioria das pessoas, ao longo dos anos, era seguro assumir que o mundo em que morreríamos seria muito parecido com aquele em que nascemos. Não é mais o caso. O futurista Ray Kurzweil salienta que não estamos experimentando cem anos de progresso no século XXI, mas 20 mil anos de progresso (na taxa de inovação e desenvolvimento hoje). Vivemos on-line, decidimos on-line. Podemos até gastar off-line, mas dificilmente hoje uma compra ou decisão é feita sem checar a internet – e a internet evolve mais rápido que qualquer progresso já visto, porque ela não tem forma nem limites e é, em sua grande maioria, facilmente adaptável e escalável, não tendo um custo fixo alto quando comparado aos modelos tradicionais de negócios.

Veja o caso de uma plataforma que faz o trabalho de um supermercado on-line mas com um grande diferencial: sua *tecnologia,* que estima e entrega os produtos que estão em falta na despensa dos clientes, todo mês. Sem dúvida, se você olhar com muito cuidado, verá ao redor, nos meios que frequenta, em sua especialidade, serviços ou produtos que podem ser melhorados, incrementados ou até mesmo completamente inovados!

CAPÍTULO 11

MARKETING É DISTRIBUIÇÃO E VENDER É RESPONSABILIDADE DE TODOS NA EMPRESA

IMAGINE QUE VOCÊ TENHA TRABALHADO DURO PARA desenvolver um produto ou serviço de qualidade e sob medida para seu público. De que adianta tudo isso se não conseguir encontrar clientes e aparecer na vida deles? Parece absurdo? Concordo. No entanto, essa ainda é a realidade de milhares de projetos hoje. Essa inteligência que vamos destrinchar neste capítulo, chamada marketing de distribuição, fará toda a diferença para o seu sucesso.

Todo o negócio da Kickante está ligado ao marketing de distribuição. Passamos quatro anos fazendo pesquisas diárias de técnicas avançadas de UX — *user experience*, ou seja, usabilidade e experiência em inovação tecnológica do usuário, e fazemos atualizações diárias na plataforma. Além de eu ter sido nomeada uma das 50 profissionais mais inovadoras em Marketing e Comunicação do Brasil, também já recebemos o Fintech Awards Latam Prêmio Cantarino Brasileiro, o prêmio mais importante da América Latina para o nosso segmento, exatamente nesse quesito. O segredo? Existem ferramentas e técnicas indispensáveis que vou passar aqui para você, mas o quesito principal para o marketing da distribuição é a empatia. Eu e meu time investimos tempo pensando em como nossas personas interagem com nosso serviço, do que precisam, como podemos ajudá-los. A partir dessa preocupação e conexão com nossos kickadores, nasce cada evolução e inovação na Kickante.

O marketing de distribuição também tem um custo otimizado. Geralmente feito por meios digitais e virais, ele consegue atingir milhares de pessoas com uma única ação.

Mas atenção! Se você está esperando lançar seu produto para começar a criar *momentum*, pode estar atrasado. Nos últimos anos, houve uma revolução em como se promove produtos. Não existe uma ordem definida para quem pensa em lançar um produto: ter um produto e depois ter uma audiência, ou ter uma audiência e depois um produto. A tendência hoje é começar criando e aquecendo o interesse pela sua oferta antes mesmo de lançá-la. Seja por meio de financiamento coletivo, mídias sociais, grupo no Facebook ou canal no Youtube. É uma estratégia que não só forma público, mas também inicia o processo de *feedback* valioso do seu público diretamente.

Neste capítulo vamos falar sobre o canal mais poderoso e barato de distribuição, que valida muitos negócios: a internet. Sugiro que você aplique as orientações a seguir consistentemente por no mínimo seis meses, para poder mensurar o resultado. A internet não é uma sensação que acontece do dia para a noite. Por mais que pareça como um verdadeiro furacão de novidades, que transforma pessoas e projetos comuns em sensação nacional, ela é, na realidade, como o vento consistente na areia do deserto, que faz sua parte todos os dias, até que, por fim, chega até a mover montanhas de areia e mudar completamente o panorama de todo um território.

COMO VOCÊ SE COMUNICA COM O SEU PÚBLICO NA INTERNET

O caminho de muitos projetos é começar pelas redes socais, com uma página no Facebook, um canal no Youtube ou perfil no Instagram. Elas são formas baratas, fáceis e eficientes de divulgar e começar a construir um público. No entanto, já coloque nas suas metas ter um website. O site é a nova vitrine das lojas. Ele está substituindo os escritórios e as lojas físicas. Talvez você já tenha buscado no Google o site de alguma marca, empresa, projeto, mas não tenha encontrado. É bem capaz que tenha ficado com a impressão de amadorismo ou de um negócio sem consistência, no mínimo sentiu certa insegurança. Um site é o mínimo esperado de uma empresa estruturada. Ele lhe dá informações adicionais sobre uma empresa, assim como um e-mail profissional com o nome da sua empresa. Isso transmite confiança.

Antes de falarmos sobre como divulgar seu empreendimento, quero desmistificar a ideia de que ter um site é caro e complicado. O primeiro passo para criar sua página é comprar o domínio — leia-se: o nome do seu site — no Registro.br ou GoDaddy, onde você pode, inclusive, comprar um domínio .com, caso queira ter uma empresa internacional. É fácil e barato. Uma assinatura de domínio por um ano custa em média 40 reais. Dica importante: não defina o nome da sua empresa — nem mande fazer o logotipo — antes de saber se a URL (o nome do domínio) está disponível. Se não conseguir comprar o domínio com o nome que criou, pense em outro. *Desapegue*. Vá por mim: existem negócios com nomes que jamais imaginaríamos para um empreendimento, mas nunca vi uma empresa chamada ABC Roupa de Cama com o site 123XZ.com.br. Isso confundiria os clientes.

A Kickante, por exemplo, não foi o primeiro nome para a empresa. Foram quatro dias, e mais de 150 tentativas, até achar o nome ideal. Lembro que passei noites sem dormir direito, buscando incessantemente o nome ideal, que também tivesse o domínio disponível. Todos os nomes em que eu pensava eram enviados para o Diogo, meu irmão e cofundador, que estava naquele momento na Holanda a trabalho, enquanto eu estava no Brasil, bolando os primeiros passos do negócio.

Tínhamos um mix de risadas e frustração com as opções. Por fim, chegamos ao nome Kickante. Um nome que depois gerou o #VamosKickar, usado por celebridades em todo o Brasil. Nosso público não fala em contribuição, mas em kicks, e se autodenomina kickadores. Nada disso foi pensado antes de surgir o nome. Ele veio primeiro. Graças a Deus, porque o primeiro nome em que pensamos era *Papagaio*! Confesso que estava apaixonada por esse nome. Já pensou se eu não tivesse me desapegado? Trate apenas de escolher um nome curto e de fácil memorização.

E se você gostou da ideia de um site, mas está pensando que vai ser demorado ou custoso montá-lo com um visual bonito, o próprio GoDaddy disponibiliza modelos pré-criados de *template*, pelos quais você paga 17 reais/mês. Basta escolher um e em poucas horas já estar no ar, *vendendo*. Outra opção de *templates* para o seu site é o Designrr. Para ter boas fotos para as suas postagens, há diversos bancos de imagem acessíveis. Recomendo o Fotolia, que tem pacotes a partir de 25 dólares. Navegue, brinque com eles. É muito fácil!

Você pode, então, criar o seu e-mail, seunome@nomedasua empresa.com.br, pelo próprio Godaddy, ou pelo Gmail por este link: **Snip.ly/92u30**

Até o logotipo pode ser feito por um preço superacessível nessa fase inicial. O importante é tirar o projeto do papel e de maneira profissional. Criei o logo da Kickante usando o 99designs, um *market-place* de design gráfico. Paguei 99 dólares por uma marca que hoje vale milhões. Claro que não adianta esperar que o designer descubra o que você quer nem ter a expectativa de receber um logo com todo o conhecimento de uma agência especializada. Escolha uma identidade visual de acordo com seu público, que já foi definido quando falamos de personas, certo? O que ele precisa identificar quando olhar para sua marca? É mais moderno? Mais retrô? Sóbrio ou irreverente?

As cores podem ajudar a se comunicar com essas pessoas, pois despertam reações psicológicas e até mesmo fisiológicas nelas. Para a Kickante, eu sentia a necessidade de passar confiança, profissionalismo e seriedade. Entendi a importância de que nosso logo comunicasse ao público que nossa empresa é séria, tem profissionais altamente qualificados e estrutura sólida, que lida de maneira responsável com dinheiro para projetos variados. As cores azul e verde respondem a essa expectativa.

No caso das empresas de *fast-food*, note que a maioria dos logos tem a cor vermelha. Existe uma razão para isso. Além de chamar atenção, algo necessário para o logo em ambientes de poluição visual como shoppings ou ruas de alto tráfego, a cor vermelha também ativa o sentimento de fome. Já o amarelo estimula a mente, assim é ideal para youtubers, influenciadores e jornalistas. Uma vez definidas as cores e o logo, eles precisam estar presentes em toda a comunicação do seu projeto.

No livro *Brandsense*: Os segredos sensoriais por trás das coisas que compramos (Bookman, 2011), o guru do *branding* Martin Linsdrom fala que a cor é essencial às marcas, uma vez que é o ponto de comunicação mais acessível (e óbvio). Segundo ele, as cores formam associações claras em nossa mente, que não fazem outra coisa além de beneficiar as marcas, por dar uma identidade muito forte e valor à mesma. Ao criar o seu site, crie também sua paleta de cores, com o direcionamento de uso de acordo com a sua marca. Transforme o design do seu site, seguindo sempre o seu *branding*.

Além de pensar no visual, pense também no conteúdo. É imprescindível que seu site tenha um blog! Faça uma segmentação das suas personas e identifique o público que tem o maior interesse em sua oferta. Ofereça conteúdo qualificado para ele.

No blog da Kickante não falamos apenas de financiamento coletivo. Ensinamos marketing digital. Contamos histórias inspiradoras. Damos de volta à nossa comunidade algo que acreditamos ser do interesse dela. Se você fizer o mesmo — compartilhar conteúdo de verdade e não apenas textos vazios com palavras-chave escritas apenas para agradar o Google (já adianto, não funciona) —, o seu público vai responder positivamente (e o Google responderá subindo seu posicionamento nas buscas on-line).

O conteúdo não pode ser aquela enxurrada de "compre, compre, compre". Ele precisa acrescentar algo positivo ao dia do leitor. Reflita: qual problema você resolve? E o que você pode oferecer de informações relacionadas a isso? Seja generoso na sua oferta de conteúdo para criar uma legião de leitores fieis.

Finalizando os principais elementos necessários no seu site, lembre-se de estabelecer um diálogo constante com as pessoas para tirar dúvidas, saber opiniões, receber elogios ou críticas. Inclua um canal de comunicação direta com seu público, como área de perguntas mais frequentes e e-mail para contato. Caso queira dar um passo além, a empresa Zendesk (www.zendesk.com.br) oferece uma ferramenta de chat gratuita e organiza toda a comunicação da sua empresa em uma plataforma por cerca de 17 reais por mês (5 dólares). Mas atenção! Não adianta ter site, ter chat, ter e-mail, ter logo e não responder ao cliente com agilidade.

O USO INTELIGENTE DO E-MAIL MARKETING

Um problema crescente que vejo em empreendimentos que ganharam força com as mídias sociais, é o descuido na criação de um banco de dados próprio. Não fique totalmente nas mãos do Facebook, Youtube, Snapchat ou Instagram na hora de se relacionar com seu público. Pense em quando o Orkut acabou. Quem contava só com essa rede para promover seus produtos ou grupos de divulgação de conteúdo perdeu todos os contatos! Além disso, com as mudanças frequentes dos algoritmos do Facebook, cada vez mais as suas postagens são vistas por menos seguidores.

Para criar um programa sustentável é importante obter o e-mail dessas pessoas. Você pode 1. colocar *plugins* no seu site — veja a ferramenta Sumo (sumo.com/app/list-builder) e instale *pop-ups* divertidos que obedeçam às regras de usabilidade para não irritar o cliente — 2. convidar seus seguidores a deixar o e-mail em troca de novidades, sejam ofertas de produtos ou conteúdos exclusivos. O maior erro que vejo em empreendedores pelo Brasil não é sequer se captam ou não os e-mails, mas se organizam e garimpam os dados semanalmente. É necessário enviar *newsletters* semanais para manter a base ativa, e deletar os contatos que não interagem a cada seis meses. Tire seus seguidores das redes sociais e os traga para a sua *newsletter*. Sua conversão será maior com esse grupo, pois a distribuição tem maior entrega aumentando o alcance da sua mensagem.

Existem algumas boas ferramentas de envio de e-mail marketing profissionais. Elas permitem não só enviar, mas analisar em detalhes os envios para saber quantas pessoas o abriram, que horas, onde clicaram. Você consegue inclusive analisar quem exatamente abriu seu e-mail, e quantas vezes o fez, ajudando assim na priorização de uma ação de vendas por telefone, posterior ao disparo de e-mail, por exemplo. Eu uso o

Mailchimp (mailchimp.com) e recomendo principalmente para quem está começando, porque oferece o disparo para até 2 mil nomes gratuitamente. É uma grande ajuda no início de novos projetos! O Mailchimp ainda tem uma interface fácil de usar. Não sou fã do seu custo alto para bases maiores, como é o caso da Kickante, mas a entregabilidade dos e-mails enviados por meio dessa plataforma é alta, e o passo a passo para criar peças profissionais, simples. Acesse **www.seusonhotemfuturo.com.br** para aprender como criar peças de e-mail que convertem mais e que não vão parar na caixa de *spam* do seu contato.

Quando o seu cliente permite que você se comunique com ele, quer dizer que já ganhou a confiança dele. No entanto, tome cuidado para não ser invasivo nem cansativo. Coloque-se no lugar dele: o que gostaria de saber? A data da sua próxima grande liquidação em primeira mão? Ver as fotos de um produto novo? Se for usar o Whatsapp para fechar negócios, opte por usar o aplicativo apenas para os clientes mais próximos ou VIPs. E em nenhuma hipótese envie uma mensagem de WhatsApp para quem não se inscreveu conscientemente (o famoso *opt in*) para recebê-la. O app ainda está em fase de comunicação pessoal e, muitas vezes, íntima. Até que haja uma transição maior para o mundo impessoal, o comercial não pode ser agressivo no uso dessa comunicação - como já ocorreu com o SMS. Enviar uma mensagem de WhatsApp para um cliente sem solicitação pode gerar antipatia pela sua marca.

E COMO O SEU PÚBLICO PODE ENCONTRAR VOCÊ?

A resposta se resume em três letrinhas mágicas: SEO (em inglês, *search engine optimization*). Quando você abre o navegador, escreve o que procura e os resultados aparecem na primeira página do Google, eles não surgem naquela ordem por obra do acaso. Existe um trabalho conhecido como otimização de sites, que é uma forma de aumentar os acessos do seu site por meio de um conjunto de técnicas e estratégias que permitam um melhor posicionamento nos resultados orgânicos dos mecanismos de busca.

Sites exibidos no topo da lista do Google passam maior credibilidade para os internautas e os fazem considerar essas empresas mais relevantes ou competentes no seu ramo, mesmo que não sejam. Em média, 70% dos internautas clicam apenas nos resultados da primeira página e, desse total, 67% clicam apenas nos resultados 1 a 5 da página! Sendo assim, o ranqueamento do Google passou de mero buscador a indicador de fiabilidade das empresas apontadas.

E como conseguir a façanha de estar na primeira página do Google? A especialista em SEO Lisane Andrade, CEO da Blast Marketing, alerta que o buscador não fornece um passo a passo exatos pois cada processo de otimização é único. Você vai precisar fazer algumas experimentações e, principalmente, seguir as "melhores práticas". Não existe uma fórmula mágica. Portanto, desconfie de quem disser que vai levá-lo para o topo de um dia para o outro. Atue em duas frentes: uma é conhecer as boas práticas de SEO. Estudar essas técnicas e aplicá-las fará toda a diferença. A outra é usar a criatividade para se destacar on-line usando um design[5] gráfico atraente, pensando em ações de marketing que possam torná-lo revelante, criar conteúdo, enfim, agregar! Acesse **www.seusonhotemfuturo.com.br** e leia suas 13 regras principais para otimização de sites.

---

5. JACKSON, Mark. "SEO is Both Science and Art". *Search Engine Watch*, 5 dez. 2011. Disponível em: <https://searchenginewatch.com/sew/opinion/2129924/seo-science-art>. Acesso em: 25 jun. 2017.

BRASIL: UM DOS MAIORES USUÁRIOS DE MÍDIAS SOCIAIS NO MUNDO

Facebook, Instagram, Twitter, You Tube, LinkedIn, Snapchat... Lance uma nova mídia social, e o brasileiro estará lá, aos milhões, participando de tudo! As mídias sociais estão aí e são um veículo acessível e de alto impacto para você ser conhecido por seus clientes potenciais. Aliás, tornar-se conhecido, uma figura pública, é a grande chave para o sucesso, como afirma Mark Schaefer,[6] criador de um conceituado blog de marketing. Em seu livro *Known: The Handbook for Building and Unleashing Your Personal Brand in the Digital Age* (Reconhecido: o livro para construir e espalhar sua marca pessoal na era digital, em tradução livre), ele ressalta a importância de definir seu tema nas redes sociais. Ou seja, o conhecimento, a habilidade, mensagem pelos quais você quer ser conhecido devem fazer sentido com o seu negócio.

Além disso, entenda quais canais são de fato necessários para você. Defina a mídia social com que mais se identifica ou que faça sentido para o seu negócio. Você terá que se engajar com sua audiência, e isso dá trabalho. O conceito de que é preciso estar em todas mídias sociais para alcançar a maior quantidade possível de clientes potenciais é errônea. Gosta de escrever? Prefere falar em vídeo ou publicar fotos? Use suas preferências pessoais como ponto de decisão nessa fase inicial. E lembre-se sempre de que existem aplicativos

---

6. STELZNER, Michael. "Thought Leadership: How to Become Known to People Who Matter". *Social Media Examiner*. Disponível em: <http://www.socialmediaexaminer. com/thought-leadership-how-to-become-known-to-people-who-matter-mark-schaefer/?awt_l=CLYnj&awt_m=3esT_8ompcr.ILT&utm_source=Newsletter&utm_medium=NewsletterIssue&utm_campaign=New&omhide=true>. Acesso em: 26 jun. 2017.

para tornar suas fotos e seus vídeos interessantes e com a identidade da sua empresa. Ações pequenas como "usar sempre o mesmo filtro nas suas postagens", "colocar uma pequena transparência com a cor predominante do seu logo", "inserir link e chamar para ação nos seus vídeos" são fáceis de fazer com aplicativos que você provavelmente já usa no celular para postagens de cunho pessoal. Esses apps poderão dar ao seu projeto o *look&feel* profissional que tanto almeja.

Quando falamos em mídia sociais, falamos em relacionamento. A intenção de cada postagem é causar uma reação nos seguidores, mas ainda existe uma grande quantidade de páginas que, depois de alcançar o que desejam (reação no seu público), não respondem às interações e os comentários. Você precisa se importar, genuína e verdadeiramente, com quem interage com você. É aí que mora não só o sucesso da sua operação, mas também a diversão de fazê-lo. Eu ainda respondo diretamente os comentários dos seguidores da Kickante com frequência, seja com o perfil da empresa, seja com meu perfil pessoal. É nos comentários que mora o sucesso da sua rede social. É neles que mora a **conversão**.

Pense também em um calendário de ações para organizar a diversidade das suas postagens e dar ao seu público uma certa constância.

Veja em **www.seusonhotemfuturo.com.br** um dos calendários de Mídia Social que já usamos na Kickante.

Há quem prefira versões on-line do próprio Facebook e de ferramentas como https://pt.SEMrush.com/ (disponível em português) e pessoas que preferem colocar post-its na parede da sala. O importante é planejar. O que vai ser postado e quando? Quais assuntos sua marca domina com propriedade? Qual será o cronograma de postagens? Quantas postagens serão feitas por semana? Quem fará essas postagens? Como será feita a interação com o público? Existe alguma data-chave para o lançamento do produto/serviço? Como será o lançamento? Analise os resultados e ajuste-se de acordo com o melhor horário para seu público e o conteúdo mais esperado.

Quando analiso as mídias sociais, vejo que, para ter sucesso, a criatividade é importante, mas não mais que a autenticidade, a consistência e a técnica. Não pense em formato e caracteres, mas em inspiração e se a postagem terá impacto real na vida de quem recebê-la.

Emanuel Takahashi, publicitário que trabalha com conteúdo para mídias sociais para celebridades e grandes marcas, aconselha que, para ter sucesso nas mídias sociais, é necessário ficar off-line. Pode parecer uma dica estranha para alguém que trabalha com o mundo digital, mas desconectar-se alguns períodos por dia ajuda a refrescar a mente e voltar com ideias frescas.

Empreendedores, artistas e qualquer pessoa que queira tirar um projeto do papel devem ter referências artísticas e de cultura geral, além do seu ramo de atuação. Isso gera uma conversa mais interessante com jornalistas, clientes e público. Gera conexões inusitadas entre seu conteúdo e a criatividade, seu problema e a solução, e quem sabe até gere uma postagem que viralize nas suas mídias sociais.

Estamos sempre testando algo novo nas redes da Kickante. Se você estiver conectado com o primeiro conselho desta seção, *achar e seguir seu tema*, poderá testar abordagens diferentes sem medo de errar. Sinta-se confortável com o erro, Takahashi nos lembra. Concordo. Marketing é teste. Você testa conteúdos diferentes, em dias e horários diferentes, e analisa métricas de como seu público reage. Repete o que deu certo (até não funcionar mais) e muda o que deu errado. Crie sempre, e solte suas ideias na floresta do mundo web.

AVISO AOS NAVEGANTES: O BEABÁ DAS POSTAGENS

Não existe uma fórmula fixa para ter sucesso nas redes, você deve ter mais empatia e seguir menos regras. No entanto, para quem ainda está estudando como o público reage, sugiro como plano base os passos a seguir. A partir daí, analise suas métricas, a conversão, a relação tempo investido *versus* o resultado encontrado e, principalmente, como você se sente com o conteúdo postado (Está se divertindo? Tem orgulho de como está se representando?).

PLANO DE *START*

1. Não poste mais de uma vez ao dia.
2. Elabore mensagens curtas e, caso tenha um link, tente colocá-lo na segunda frase do texto, assim ficará visível facilmente, sem que seu público tenha de clicar no "Ver mais".
3. Use imagens ou suba vídeos diretamente, pois a entrega é maior do que as mensagens compartilhadas, postagens sem imagem ou vídeos do Youtube.
4. Faça *lives*, escreva histórias e crie eventos, eles têm uma excelente entrega. Ou seja, o Facebook mostra para mais gente. Mas não abuse. Para *lives* e eventos do Facebook terem um bom alcance, siga os passos encontrados aqui: **www.seusonhotemfuturo.com.br**.
5. Fique atento às novas ferramentas das mídias sociais e use-as logo no lançamento, quando as redes as promovem. Isso ajudará seu perfil a ser promovido para cada vez mais gente.

6. Você não precisa estar em todas as redes sociais. Escolha a de que mais gosta e com a qual está familiarizado. Eu não uso Snapchat, nem a Kickante. Como o Facebook, Youtube e o Instagram são nossas principais mídias, e o Twitter e LinkedIn, nossas mídias secundárias, decidimos focar nessas redes por agora. No entanto, talvez isso mude! Quando se trata de mídias sociais, mudança e criação precisam ser constantes.

7. Ao criar as páginas nas redes sociais para seu projeto, não deixe de divulgar em sua página pessoal. Vejo novos projetos sendo divulgados exclusivamente em páginas com 90 seguidores, quando o criador tem mais de 3 mil conexões na página pessoal.

8. Lembre também que a entrega nas páginas pessoais é maior do que nas de projetos (*fan pages*), então aproveite essa oportunidade. Hoje o Facebook entrega as postagens que você faz para menos de 2% de seus seguidores. Pior ainda se for uma página do seu projeto (*fan page*). A partir da reação desses 2%, sua postagem se dissemina para outras pessoas, e assim por diante. Postar algo genuíno e interagir nos comentários é de suma importância para aumentar o engajamento da sua página e a entrega da sua mensagem para o público.

9. Não pare de aprender. Eu sigo mais de 20 blogs ou influenciadores de marketing digital e sempre leio o que deu certo, o que deu errado, como o algoritimo das redes sociais mudou (pois isso mudará as entregas das postagens para o público). Neste livro, escolhi os melhores ensinamentos adquiridos até agora com profissionais qualificados.

10. Quando for compatilhar o link de um artigo que acredita ser do interesse de seu público, aproveite para trazer tráfego para

seu site também. Existe uma ferramenta chamada Snip.ly que gera um link especial daquele artigo com um botão de *call to action* (direcionamento de ação). Ou seja, você não apenas encurta o link, como ferramentas mais antigas como o Bit.ly, mas também coloca em qualquer link da web um botão personalizado com a mensagem que desejar, como: Adquira agora meu livro. Incrível, não é?

11. Use ferramentas gratuitas como o Editor de Fotos On-line (Snip.ly/5jacl) ou aplicativos no celular para deixar suas postagens profissionais e até criar seus próprios memes! Para lançar uma campanha e incentivar as pessoas a colocar uma arte em suas fotos de perfil no Facebook ou Twitter, você pode criar o próprio Twibbon (twibbon.com).

12. Impulsione suas principais mensagens com valores baixos: 30, 50 ou 100 reais de anúncios por semana no Facebook são suficientes para que a postagem seja entregue para quase 15 mil pessoas, dependendo da sua segmentação.

13. Não impulsione uma postagem antes de completar 24 horas, pois nesse período ela terá sua vida orgânica, o que quer dizer que será entregue para o seu público sem anúncio pago.

14. O Facebook *Ads* (Facebook Anúncios) tem várias opções de filtros incrivelmente específicos. Exatamente por ser uma rede social em que as pessoas compartilham muitas informações pessoais, o Facebook tem acesso a informações bastante específicas como idade, quantidade de filhos, estado civil, se está prestes a casar ou não, se acaba de voltar de viagem, as páginas que segue, poder aquisitivo, data de aniversário etc. Construa sua persona em cada anúncio e fale diretamente com ele ou ela para ter maior resultado.

COMO SUA EMPRESA VIRA NOTÍCIA NA TELEVISÃO, NAS REVISTAS E NOS JORNAIS?

Forbes, Valor Econômico, Pequenas Empresas, Grandes Negócios, Glamour, Elle, Vogue, New York Times, Veja, IstoÉ... Na Kickante somos constantemente pautas importantes em grandes meios ao redor do mundo. Trabalho com assessoria de imprensa e vejo que um trabalho em conjunto do empreendedor com o assessor é o que mais dá resultado. Isso dito, desde o comecinho, crie uma lista de jornalistas que falam com você, respeite suas perguntas e responda a todos dentro do prazo prometido e nunca, repito, nunca, minta sobre informações apenas para ser matéria.

Uma maneira de criar um relacionamento com jornalistas é convidando-os para um café, almoço ou jantar. A depender do seu orçamento, todas essas opções são aceitáveis. O que não vale é ir para o encontro apenas para se vender. Aqui volta aquela regrinha de ler, viajar, ter referências de cultura geral e atualidade para compartilhar com as pessoas que encontra. Seja uma pessoa interessante e tenha conteúdo relevante sobre sua empresa e seu mercado para passar. Pense que, por trás de toda revista, existe um jornalista buscando desesperadamente matérias interessantes.

Não se encante apenas pelos veículos de grande alcance. Nem sempre a rede nacional é o que você precisa. Busque nichos. Se vai falar com pessoas interessadas em vinho, ter um artigo de destaque em um blog referência sobre o assunto pode atingir mais pessoas com perfil para se tornar cliente do que uma pequena nota na última página do maior jornal da cidade.

Caso a reportagem seja publicada on-line, pergunte antes se é possível incluir um link para o site da sua empresa — isso é importante para SEO. Se sua empresa for comercial, talvez não o façam, mas se for de cunho social ou artístico, existe uma chance maior. No entanto, não insista nem transforme isso em condição para dar a entrevista, ou correrá o risco de não ser mais procurado como fonte.

Isso dito, quando fizer o planejamento de marketing de sua *startup*, caso decida contratar uma assessoria de imprensa para intermediar a comunicação entre você e o jornalista, procure aquela com bons contatos na sua área, pois nem todas os têm. Veja quem é referência no segmento em que você atua e vai saber falar com esse público específico. Se você vende produtos para crianças on-line, é mais importante que a assessoria esteja próxima de jornalistas que falam com mães e pais do que alguém especializado em empresas *dot.com* (empresas on-line).

Acesse em **www.seusonhotemfuturo.com.br** as principais dicas para ter visibilidade na imprensa, conteúdo oferecido pelo jornalista Nelson Rodrigues, sócio-fundador da NR-7 Comunicação, uma agência focada no mercado de Tecnologia e Inovação e Empreendedorismo.

COMO SABER SE SUAS AÇÕES DE MARKETING DIGITAL SÃO BEM-SUCEDIDAS?

Existem várias ferramentas que podem ajudá-lo a medir a sua relevância digital.

O Google Analytics permite analisar os dados de comportamento do usuário na sua plataforma.

A SEMrush, plataforma internacional de monitoramento de métricas de Marketing e SEO, tem ferramentas que medem as fontes de tráfego, o ranqueamento de palavras-chave e do domínio, os dados de desempenho nas redes sociais, as menções da sua marca, o desempenho do seu conteúdo – assim como da sua concorrência.

A Disqus o ajuda a rastrear os comentários e até mesmo bloquear *spammers* sem que eles saibam (afinal, ao saber que foram bloqueados, o *spammer* cria rapidamente uma nova conta falsa).

A Buzzsumo possibilita encontrar todas as menções da sua marca ou seu tema, assim como influenciadores relacionados a ela. E, por fim, para organizar todas essas métricas e esses resultados de e-mail, Alertas do Google e Tendências, use o Cyfe, um *dashboard*, ou tela, gratuito em que você pode monitorar todo o movimento da sua marca e nicho on-line de maneira personalizada.

O desempenho de suas estratégias de SEO, redes sociais, relações públicas e marketing de conteúdo deve ser medido constantemente para saber se você está no caminho certo. No link **www.seusonhotemfuturo.com.br** você vê o resultado da minha conversa com uma das maiores especialistas em métricas on-line, a presidente da SEMrush, Maryna Hradovich. Nele, você entenderá em detalhe as métricas de SEO, de mídias sociais, relações públicas e conteúdo. Você não apenas pode identificar o que está dando certo, mas também o que não traz conversão. Assim, poderá focar seus esforços e recursos no que dá mais resultado, alimentando outras ferramentas em menor — ou nenhuma — intensidade sem medo de perder mercado!

COMIGO FOI ASSIM

DO VOLUNTARIADO A UM GRUPO COM SEIS INTEGRANTES, À UMA REDE NACIONAL COM MAIS DE 36 MIL MULHERES

DEPOIMENTO: TABATHA MORAES

Trabalho com mulheres desde os 17 anos. Na minha vida, passei por um episódio bem difícil: em um ano perdi meus pais, irmão e bebê. Foi aí que percebi que a vida passa muito rapidamente, o que eu tenho feito que faz sentido para mim e para a sociedade? O que eu amo fazer? Eu sabia que amava trabalhar com mulheres, mas da forma como eu atuava (como voluntária) não era um negócio. Como transformar essa minha paixão em algo rentável?

Fiz a minha formação em *coaching* e decidi que atenderia somente mulheres. Comecei com alguns atendimentos individuais, mas foi quando realizei em grupo com seis mulheres que descobri um nicho interessante. Percebi que as minhas clientes começaram a realizar negócios entre elas. Abri um novo grupo e, não surpreendente, novamente fizeram negócios. Decidi que iria aumentar o poder desse impacto.

Em 2014 comecei a realizar eventos que conectassem essas mulheres e em menos de um mês tínhamos 2.500 participantes em um grupo no Facebook. O nome *Mulheres que decidem* foi escolhido porque eu percebi que as elas tinham uma ideia muito clara do que *não* queriam mais para suas vidas, mas faltava essa mesma clareza na hora de decidir os próximos passos.

Hoje, já somos mais de 36 mil mulheres na rede! Temos inclusive as que chamamos de embaixadoras, e elas divulgam a rede em todo o país.

Vivemos na era do compartilhamento e, para começar, é importante entregar conteúdo de qualidade e ouvir a sua audiência. Comece postando uma vez ao dia esse conteúdo em suas próprias redes sociais e, ao final de cada post, peça que as pessoas que gostaram convidem os amigos a participar. Na medida que os seguidores forem aumentando, convide-os para um grupo onde encontrarão ajuda mútua, troca de experiências e aprendizado sobre o tema. A sua comunidade vai dizer quais são as necessidades, que problemas precisam ser resolvidos e, se você estiver atento, vai construir um negócio que resolva o problema das pessoas e que faça a diferença no mundo. Realize também alguns encontros presenciais e on-line com os membros, eles fortalecem a sua comunidade e te ajudam a identificar aqueles que são mais engajados e que podem ajudar na moderação a medida que a sua comunidade cresce.

Seja qual for o seu sonho é possível criar uma comunidade que pensa como você.

CAPÍTULO 12

NO MUNDO DA TECNOLOGIA E INOVAÇÃO, AINDA É TUDO SOBRE PESSOAS

QUANDO DECIDI ABRIR A KICKANTE, SABIA COM TOTAL convicção duas coisas: primeiro, que eu conseguiria fazer o empreendimento ser bem-sucedido devido à minha trajetória empresarial. Segundo, que eu não conseguiria fazer isso sozinha.

Todo empreendedor precisa se conhecer bem para saber e, principalmente, aceitar suas fraquezas, tanto quanto deve saber e aceitar suas qualidades. Um empreendedor de sucesso tem ao seu lado pessoas tão boas ou melhores que ele, pois entende que não é o melhor em tudo. Procuro ter ao meu lado pessoas melhores que eu para as funções que exercem. Sempre. Recomendo o mesmo para seus projetos. Essa é a diferença entre um time que impulsiona a empresa e um time que a empresa, ou você, tem que impulsionar constantemente.

Quando, em um time pequeno, uma única pessoa não trabalha bem, isso pode afetar o faturamento da empresa em até 30%. Um time novo é estruturado como as pernas de um assento. São poucas, mas, se uma quebra ou está desequilibrada, o todo pode cair. É função do CEO, ou do líder de um projeto, observar o time sempre e fazer ajustes constantes e necessários, mas nunca se achar maior nem melhor do que o todo.

A artista sérvia Marina Abramovic disse certa vez que o ego pode tornar-se um obstáculo tão grande ao seu trabalho que, no dia que você começar a acreditar em quão grande é, será o dia da morte da sua criatividade. Isso se traduz no dia a dia do empreendedor quando ele se apega aos aplausos... esse empreendedor se sentirá sozinho ou desfocado no seu DIP (queda), de que falamos no capítulo 5. Todo projeto terá não apenas um, mas mais de um DIP. Será mais fácil passar por eles focado no problema e completamente desapegado de quão brilhante você acha ser, ou dos aplausos que estarão nesse momento silenciosos.

Ao escolher as pessoas para montar seu time — ou expandi-lo — dê oportunidades para quem lhe dá oportunidades e não prolongue a dor de uma parceria malfeita.

Um dos maiores investidores dos Estados Unidos, Paul Graham escreveu um longo artigo em que lista, de acordo com sua vasta experiência como um dos maiores incubadores do Vale do Silício, 18 erros que matam novos negócios. Você pode acessá-lo integralmente aqui: **Snip.ly/h1u9i**

Os erros são pontuais, e ele dedica 5 (cinco!) dos 18 pontos ao time. Trinta por cento de todo o artigo! Entre eles, listo dois relevantes para este capítulo:

1. Desentendimento entre os fundadores.
2. Pessoas que fazem corpo mole. Sim, o americano fala de corpo-mole.

Na Kickante, o primeiro sócio que escolhi foi meu irmão: Diogo Pascoal. Não é fácil trabalhar com família, me disseram. Não faça isso, afirmaram. Eu concordo. Não é fácil. Cuidado ao fazer isso. Eu planejava lançar uma empresa em um país onde não moro, precisava de alguém cujo caráter eu conhecesse plenamente. Essa pessoa lidaria com nossas finanças. Preciso conhecer sua ética e confiar na sua lealdade a mim, porque quando você é CEO de um novo projeto, a lealdade dos outros *chiefs* ao CEO pode significar o sucesso ou fracasso do projeto.

Expliquei ao Diogo o que desejava fazer com a Kickante, e ele topou na hora. É possível que, se ele tivesse dito não, eu não teria seguido. Eu sabia que, por morar fora do país, precisava de alguém de extrema confiança do meu lado. Tenho certeza de que a trajetória de trabalhar com irmão não é sempre fácil para ele, como não é para mim. Muitas vezes, a linha tênue se cruza, e temos que lembrar um ao outro: "Ei, não sou seu parente aqui neste momento. Somos empresa". Noventa das 100 vezes, esquecemos isso. Mas 100% das vezes que recordamos ao outro, acatamos.

A segunda sócia que escolhi é alguém que trabalhou comigo desde o comecinho da Kickante. Viviane Sedola veio por intermédio de uma outra pessoa que trabalhou na Kickante. Vendo a rapidez com que trabalho, me disse que não era o momento profissional dela, mas entendendo minha visão e paixão ao projeto, disse que conhecia alguém de que eu iria gostar muito. Ela acertou. Viviane começou como desenvolvedora de negócios e cresceu para sócia da empresa em menos de um ano. Não convido qualquer pessoa para sociedade e aconselho o mesmo a você. Os princípios morais vêm antes de tudo. A inteligência vem antes dos anos de experiência. E o *match* vem antes do tempo de relacionamento. Em uma parceria, a maneira como duas pessoas se relacionam conta mais para o sucesso da empresa que as tarefas que exercem. No meu relacionamento com Viviane ou Diogo, só importa onde queremos chegar e nossa visão de negócio.

ENCONTRE AS PESSOAS CERTAS

Pesquisas mostram que projetos feitos por mais de uma pessoa têm maiores chances de dar certo do que aqueles conduzidos individualmente. Parcerias são importantes para um projeto crescer. Isso porque o segredo do sucesso do ser humano é a capacidade de buscar objetivos complexos em conjunto, dividindo um trabalho cognitivo. Caça, comércio, agricultura, fabricação, tecnologia — todas as inovações humanas que alteraram o mundo — foram possíveis graças à essa habilidade. É nisso que acreditam Philip Fernbach e Seleven Soloman, professores da Universidade do Colorado, nos Estados Unidos, e autores do livro *The knowledge illusion: why we never think alone* [A ilusão do conhecimento: Porque nunca pensamos sozinhos]. Para eles, o que realmente define humanos não é a nossa capacidade mental individual. Os chimpanzés podem superar crianças pequenas em números e em noções espaciais. Mas nem chegam perto quando se trata de tarefas que exigem colaboração com outro indivíduo para alcançar um objetivo. Um animal sozinho sobreviverá com facilidade na floresta. Já um homem sozinho provavelmente morrerá ali. Mas um grupo de animais juntos não faz tanta diferença no seu potencial de sobrevivência em uma floresta. Já um grupo de humanos juntos faz toda diferença na capacidade de sobrevivência na mesma.

Cada um de nós é capaz de um pouco, mas juntos — os humanos — conseguem feitos notáveis. Como o slogan da Kickante lembra, *sozinho somos um, juntos somos uma multidão.*

Mas é claro que você precisa escolher as pessoas certas. Comece a buscar com a maior calma possível, as pessoas dizem que sociedade é como um casamento, acho que é mais complexa do que uma relação afetiva, pois não tem os anos que antecipam tal união. Avalie bem quem você vai trazer para perto. Lembre sempre que cada pessoa no time é uma das engrenagens de uma grande máquina. Se alguma engrenagem estiver enferrujada ou se movendo mais devagar que as outras por falta de comprometimento ou paixão, todos sofrerão.

Um dos princípios que adoto é não fechar nenhuma parceria em que somente um lado tenha vantagens. Acredito que é melhor caminhar junto do que sair na frente e deixar o outro no prejuízo. Essa visão de negócio tem nos ajudado a tornar a cultura da Kickante uma imagem sólida de confiança e de seriedade entre empresa e cliente, parceiros e empresa. Porque não sou somente eu, Candice, que ajo assim, mas todo o meu time.

Ao mesmo tempo, é importante observar as parcerias e ter expectativas claras, mensurando resultados semanalmente de maneira transparente. Nesse modelo, quando um parceiro está se beneficiando mais do que entregando, a parceira não tem como prosseguir. Equilíbrio é fundamental.

Na hora de achar um parceiro ou sócio, pense em pessoas que tenham talentos complementares ao seu. Todo negócio precisa de vários conhecimentos e, além de produtivo, é econômico quando as habilidades dos sócios são suficientes para fazer o negócio acontecer. Sócios com as mesmas habilidades podem fazer uma parte do projeto avançar muito bem, mas vão deixar carentes outras áreas necessárias para fazer o negócio andar. Vamos imaginar que você seja um designer e queira montar um portal de notícias. Com seu conhecimento, vai conseguir criar um layout atraente e sintonizado com o seu público. Mas ainda precisa de um especialista em conteúdo para produzir as notícias e de alguém a área comercial para monetizar o negócio.

Caso não tenha a intenção de montar uma sociedade, use essa mesma lógica para achar parceiros no mercado ou oferecer **remuneração extra baseada em ações**. Em todas as situações, você precisa definir o que espera e ser claro quanto ao processo de trabalho para poder mensurar os resultados. E, logo no começo, procure entender o que acontece se a parceria não der certo. Como um contrato pré-nupcial, ter isso claramente definido evita problemas sérios e dor de cabeça para os dois lados, no futuro. Um bom contrato não deve ser o ponto de partida para desentendimento ou rupturas, um bom contrato deve ser o ponto de finalização para desentendimento ou rupturas. Um contrato claro, protegendo ambas as partes perante a lei, transforma o mal-entendido em uma conversa de menos de dois minutos, como deve ser.

Procure também observar os traços de personalidade. Pessoas com alto índice de inteligência emocional conseguem manter o controle em situações de estresse, são francas sobre seus sentimentos, procuram dialogar. Já pessoas com pouca inteligência emocional podem atrapalhar a produtividade e o ambiente de trabalho. São as chamadas pessoas tóxicas. Algumas nem sabem o estrago que causam, mas invariavelmente elas... "causam". Complicam o que poderia ser simples, criam conflitos e geram um grande estresse no time todo. Quer alguns exemplos? Os fofoqueiros que têm prazer em discorrer sobre a vida alheia e perdem tempo no trabalho com assuntos improdutivos; aqueles que parecem uma bomba-relógio e desiquilibram um ambiente inteiro com seu controle zero sobre as próprias emoções; as eternas vítimas que nunca tomam para si a responsabilidade de algo e consomem a energia da equipe criando um sentimento de culpa; as pessoas críticas demais, que nunca estão dispostas a aprender com ninguém, pois sempre sabem de tudo... Acha que listei a maioria das pessoas ao seu redor e que essas atitudes são normais? Não são. Eu não tenho nenhuma pessoa sequer com esse perfil no meu convívio diário.

É improvável que você consiga avaliar todos esses aspectos emocionais de um novo parceiro numa primeira conversa. Mas acione o sinal de alerta quando perceber que as atitudes de alguém estão, de alguma forma, desestabilizando você ou o time. Certa vez, tive uma excelente vendedora no time. Mas com o time crescendo, ela fez de tudo para desestabilizar os novos contratados. Desmotivá-los, mentir sobre sua remuneração. Infelizmente, em um novo projeto, poucas pessoas do time que começaram com você continuarão com você. Algumas não se adaptarão ao crescimento do projeto e, assim como os crustáceos precisam quebrar suas cascas mais de uma vez para crescer, você também precisará se acostumar com a constante renovação do seu novo empreendimento.

 COMO FAZER TODO MUNDO... FAZER!

Não se pode forçar ninguém a fazer o que não deseja a médio ou longo prazo. Busco trabalhar com pessoas qualificadas, curiosas e com "o coração no lugar certo", pois somos um empreendimento social.

Também acredito que liderança se mostra fazendo. Sou a CEO que, quando necessário, trabalha dia e noite, fins de semana, feriados e que nunca faz corpo mole para algo de que meu time necessita. Sou também a CEO que coloca família no meio da conversa, motiva o time a trazer o filho para brincar na empresa, e que mostra por exemplo, que é possível ser bom pai e boa mãe e continuar sendo uma excelente profissional.

Quando pensamos em montar um time, queremos que ele seja incrível, talentoso, criativo, empenhado e que tenha todas as características para fazer o negócio ganhar força. Queremos até que ele ande sozinho, não é mesmo? Doce ilusão. A única maneira de ter um time com alta produtividade é olhar cada pessoa individualmente, respeitar como cada um prefere trabalhar, criando processos claros, sendo justa com cada um deles e esperando o mesmo em troca. Se você está pensando: "Como farei isso com times de mais de 40 pessoas?", eu digo: *ainda assim olhando cada pessoa individualmente, respeitando como cada um prefere trabalhar, criando processos claros, sendo justa com cada um deles e esperando o mesmo em troca.* Se você é líder de um projeto e tem um time de 40 ou mais pessoas, provavelmente nem todos reportam a você. Peça aos outros líderes da empresa que sigam o seu exemplo.

Por exemplo, aqui na Kickante estamos testando o modelo de *home office*. Eu ficava incomodada que algumas pessoas do time demorassem três horas só para chegar ao escritório em São Paulo, devido ao trânsito caótico. Mais três horas para retornar para casa no fim do dia. E me incomodava que meu time, inovador como eu na grande maioria, estivesse tendo sua criatividade cortada por estar enclausurado entre quatro paredes. Por que não trabalhar do parque em um dia de sol? Por que não sentar no seu café preferido e deixar a criatividade aflorar, enquanto observa o mundo ao seu redor? Por que não trabalhar da cidade, praia, do país que desejar? Na maioria das vezes, não há razão para isso. Eu trabalho com essa flexibilidade há quase 20 anos. Claro que é importante se reunir com o time. Sendo assim, uma vez por semana todos se encontram em um *coworking* ou café e trocam ideias pessoalmente. Sempre tive times ao redor do mundo e acho natural essa interação digital e dinâmica. Funciona para todo negócio? É difícil uma receita que funcione para todos. Mas você precisa olhar para o seu time e quebrar conceitos. Existem paredes demais? Gerentes demais? Burocracia demais? Retrabalho demais? Fofocas demais? Algo precisa mudar. Na realidade, algo precisa mudar sempre.

Ainda estamos testando o conceito de *home office* com a equipe e quem sabe um dia voltemos a ter uma sala em algum lugar da cidade. Como *startup*, precisamos estar dispostos a testar, inovar e quebrar conceitos. Até o momento, tem dado muito certo, provando que pessoas trabalhando felizes produzem mais. Cada pessoa precisa fazer o seu trabalho da maneira como se sentir mais feliz e melhor, que é o que acredito também para a minha vida.

●●● FOCO EM RESULTADOS

Talvez você me questione: "Candice, você não acha que tanta liberdade vai fazer com que as pessoas abusem?". Uma das minhas premissas é trabalhar apenas com adultos. Em outras palavras, ter no time pessoas responsáveis e comprometidas, que conhecem os interesses da empresa e sabem o que precisam fazer para os resultados chegarem. O foco é nos resultados. Não faço microgerenciamento, isto é, ficar controlando como (e se) cada pessoa está trabalhando. Para cada profissional existe um fluxo de trabalho a ser seguido, existem resultados a serem obtidos, existe apoio para quem precisar e existe uma recapitulação rápida enviada por e-mail ao fim de cada dia, por cada membro do time, sobre suas métricas e resultado do dia. Esse é um hábito que aprendi trabalhando em Nova York e que uso até hoje. Ele gera não só um entendimento para o time em questão de como a empresa está caminhando, mas também uma organização de tarefas e um entendimento da sua própria produtividade ao final de cada jornada.

Note que não haver microgerenciamento não quer dizer não saber o que está acontecendo na empresa. Um caso fatídico é o relatado no blog da Microsoft, quando o próprio Bill Gates atendeu uma ligação de atendimento ao cliente e resolveu o problema sem precisar de ajuda (Snip.ly/urifo). Qual não foi a surpresa quando a cliente ligou mais uma vez pedindo que o mesmo atendente a ajudasse por sua presteza e descobriu que tinha falado com um dos maiores CEOs do mundo. Se Bill Gates pode parar e ser não só gentil, mas responder com propriedade a pergunta do seu cliente, tenho quase certeza de que nós dois também podemos.

MAPAS DE FLUXOS DE TRABALHO + PROCESSOS = PRODUTIVIDADE

Tudo em uma empresa pode ser organizado por meio de processos e esclarecido ao time por meio de fluxos. Veja aqui uma parte de um fluxo simples da Kickante:

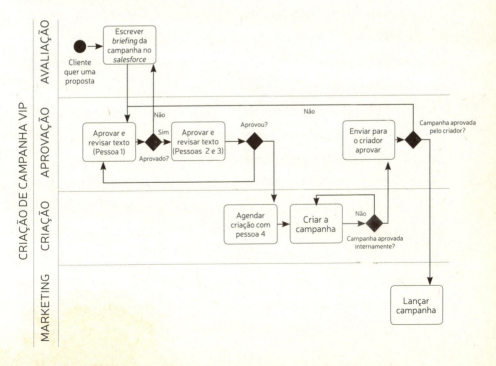

Todos os processos da Kickante tem seu Mapa de Fluxo. Já imaginou quão fácil é treinar um novo membro do time, e quão simples é identificar problemas no todo por meio da revisão dos processos?

Em vez de se preocupar tanto com o modelo antigo de *flow chart*, ou hierarquia da empresa, sugiro focar sua preocupação no *flow process*, ou fluxo da empresa, seu aliado para aumentar a produtividade da equipe. Garanto que, quando um time não está trabalhando como poderia, não importa quem reporta a quem, ou a hierarquia da empresa. O que importa é como o trabalho de um está interconectado e, assim, apoiando ou atrasando o trabalho do outro. Na maioria das vezes que alguém é tido como incompetente ou que um time três vezes maior que o necessário é contratado, é porque o fluxo não foi criado, ou se foi criado, não foi bem estabelecido. O *workflow* precisa ser revisado constantemente, e alguém — CEO da empresa ou outros líderes — precisa ser o guardião dele.

Com um fluxo definido, você terá em mãos um documento ao qual recorrer sempre que algo não estiver andando bem na sua empresa. Você poderá identificar claramente qual parte do processo precisa consertar, ajustar ou retreinar para que o projeto volte a crescer. A conversa sobre problemas se torna focada no processo, e não na pessoa. E assim todos se engajam mais rápido para resolvê-lo sem cair na defensiva. **Como deveria ser.** Pense no fluxo exatamente como esclarecimento dos links entre uma tarefa e outra. Se eles não estiverem bem conectados, o fluxo necessário para tirar seu projeto do papel não acontece. Se eu não fizer a minha tarefa no prazo e com a organização esperada, o outro não conseguirá fazer bem a dele – e todos perdem. Esperamos na Kickante que todos respeitem o trabalho dos demais fazendo bem o seu. Com isso, evita-se perda de tempo, energia, dinheiro, e evitam-se também problemas sérios de *compliance*.

POR QUE VOCÊ PRECISA SE PREOCUPAR COM *COMPLIANCE*?

POR DIOGO PASCOAL

"*Compliance* é tão simplesmente **estar de acordo**. Estar de acordo com as leis do país e com os encargos tributários. Na Kickante, já nascemos com a necessidade de *compliance* devido ao investimento estrangeiro" diz Diogo Pascoal, meu sócio e chefe financeiro da Kickante (e, não menos importante, meu irmão).

Em tudo o que fazemos na Kickante, temos o aval dos nossos contadores e advogados. Um chefe de *compliance* geralmente não é uma posição em tempo integral, mas é uma função que precisa existir para o seu empreendimento ser sustentável. No começo, esse será mais um dos muitos chapéis que precisará usar. Com o crescimento do time, designe alguém com o perfil detalhista, organizado e apaziguador. Pois essa pessoa precisa atentar a todos detalhes, organizar documentos importantes e, principalmente, precisará o tempo todo convencer o time de que certos passos extras (e em geral chatos) precisarão ser seguidos.

"Um bom chefe de *compliance* atua como o braço direito do CEO. CEOs costumam ser visionários e vão mais rápido que o mercado. Minha função é frear a máquina de vez em quando. Nem sempre minhas indagações são bem-recebidas, mas o bom líder sempre acaba respeitando regras a serem seguidas para proteger o projeto.".

●●● LIDANDO COM CRISES

Um dos maiores problemas enfrentados por empresas hoje são as crises nas mídias sociais. O cliente teve um grave problema com sua empresa e quer que todos saibam por meio das suas mídias sociais. Em primeiro lugar, tenha empatia. Como se sentiria no lugar do cliente com o problema que ele teve? Lembre que um cliente insatisfeito sem resposta aumenta exponencialmente seu descontentamento por segundo. Seja rápido e tenha com seu time um plano de ação claro para momentos de crise. Por fim, tenha como regra oferecer algo em troca pela reclamação ou uma alternativa a um problema que não pode ser solucionado. O cliente teve uma situação desagradável com a sua empresa e precisa sentir-se importante para você.

E, não, você não conseguirá agradar sempre.

●●● CONQUISTANDO E MANTENDO MAIS CLIENTES

Em geral, os clientes precisam ser prospectados 13 vezes para fechar negócio. Isso é um dado universal. E quer dizer que você precisa estar sempre vendendo ou pode acordar um dia com uma super estrutura, um excelente gerenciamento de *compliance*, e nenhum cliente para pagar as contas. Na Kickante, vendas digitais e pessoais são o carro-chefe da empresa.

É importante que o modelo de prospecção não seja maçante, que de fato você se importe. Viviane Sedola, minha sócia na Kickante e chefe de desenvolvimento de negócios, tem dicas valiosas de como fechar um negócio que parece impossível. Use este passo a passo e depois me conta como foi.

COMO FECHAR UM NEGÓCIO QUE PARECE IMPOSSÍVEL

POR VIVIANE SEDOLA

1 - DESCUBRA COM QUEM QUER FALAR PARA FECHAR O NEGÓCIO

Faça uma pesquisa rápida sobre o cliente ou empresa com quem pretende se relacionar para saber as necessidades mais latentes da empresa no momento. Nem sempre essas informações estão nos jornais ou no site institucional, mas nos corredores da empresa. Então, pergunte-se: "Com quem preciso falar para saber mais sobre o que está nas entrelinhas?" Comece pelo topo da pirâmide. Procure o maior executivo da empresa e mire nele seu primeiro contato. Se o CEO não for a pessoa certa e indicar o contato certo, o seu próximo e-mail ou ligação chegará com um peso diferente, pois virá com a introdução: "Olá, seu chefe me pediu para procurá-lo".

2 - FAÇA O PRIMEIRO CONTATO DE FORMA INTELIGENTE

Quando você pensa em falar com o maior executivo da empresa, a primeira pergunta que vem a sua cabeça é: "Por que o CEO responderia ao meu e-mail?"

O CEO é um sujeito ocupado mesmo, e o e-mail pode ser o pior caminho para chegar até ele, pois todo mundo recebe muito spam e já não se importa em deletar mensagens ou não respondê-las. Portanto, comece por uma referência em comum ou pelo LinkedIn - que pode ajudar você a abrir portas, pois a pessoa que quer contatar pode ver quais conexões possuem em comum e isso vai ajudá-lo a ganhar credibilidade. Além disso, como LinkedIn normalmente é administrado pelo próprio executivo, e não por uma secretária, você tem grandes chances de entrar direto na caixa de e-mail dele ou no celular.

Se você só tem um endereço de e-mail, mande a mensagem, mas persista. O ideal é que você tenha algum aplicativo instalado em seu provedor de e-mail (há vários baratos no mercado como o MailTrack) que avise se a pessoa abriu seu e-mail ou se o descartou sem nem clicar nele. Agora, se o acesso for via telefone, prepare um discurso ágil e objetivo.

Em qualquer forma de contato, tenha um pedido claro e, acima de tudo, seja caloroso.

Agora, o que falar? Aqui está um exemplo de roteiro para sua chamada:

Olá Joana, como vai?

Sou da (empresa) e já fizemos negócios com (concorrente 1) e (concorrente 2). (Nome da pessoa que recomendou se tiver) me indicou que falasse com você e me passou o seu contato.

Acredito que posso conquistar (melhor margem, maior conversão, mais clientes - escreva aqui o que o seu produto/serviço faz) para a sua empresa.

Você pode me indicar o melhor contato para discutir o tema?

Coloque-se no lugar do cliente. Como você responderia à mensagem acima? No mínimo com curiosidade, não? Entenda sempre que o objetivo de cada comunicação é chegar ao próximo passo. Sendo assim, o objetivo desse contato não é fechar o negócio com um primeiro e-mail, mas conseguir uma resposta. O próximo é conseguir uma reunião presencial ou por telefone, e assim por diante. Cada produto ou serviço tem seu tempo médio de conversão. Tenha claros quais passos o seu negócio ou produto demanda até chegar a um fechamento ou novo contrato, e não pule etapas. Como dito, o objetivo de cada passo é chegar à próxima etapa. Se você tentar pular etapas, vai mandar mensagens grandes ou falar sobre temas que o outro ainda não está interessado ou pronto para ouvir. Seu e-mail mais parecerá um *spam*, e ninguém, repito, ninguém, lerá.

● ● ● 3 - MARCANDO UMA REUNIÃO

É possível que o CEO passará o contato de outro grande executivo da empresa igualmente ocupado. Ao fazer contato com ele, siga as mesmas regras de acompanhamento do contato, mas com alguns ajustes importantes: cite quem recomendou a aproximação, peça a reunião em uma pergunta direta, diga quanto tempo vai durar a conversa (respeite o tempo combinado, seja em uma reunião telefônica ou presencial ou terá grande dificuldade em marcar uma segunda reunião com ele ou um subordinado) e ofereça algo em troca. Afinal, ninguém quer incluir mais uma reunião na agenda sem ter claro qual vai ser o benefício.

Por exemplo:

Olá, Mario, tudo bom? A (nome da CEO) pediu que eu entrasse em contato com você sobre (melhor margem, maior conversão, mais clientes - escreva aqui o que o seu produto/serviço faz) para a empresa. Acredito que 15 a 20 minutos serão suficientes para eu entender os desafios que você enfrenta e contar como conseguimos sucesso com (cliente 1) e (cliente 2). Como está a sua agenda na próxima semana pra essa conversa? Prometo começar no horário agendado e terminar exatamente em 15 ou 20 minutos. É tudo de que preciso para mostrar como podemos agregar valor para sua empresa (ou departamento).

Você estaria disponível dia (colocar dia e hora)?

Abraços,

VS

Não pergunte se a pessoa aceita ou não se reunir com você, apenas peça a melhor data para isso. Assim, você elimina grandes chances de receber um não imediato. Sem contar que, sendo a CEO a pedir para a conversa acontecer, suas chances são bem grandes.

●●● 4 - CONSEGUIU A REUNIÃO? HORA DE CRIAR EMPATIA

Antes de tudo, cumpra o básico: seja pontual e se atenha ao tempo combinado para a reunião. Mostre que valoriza o tempo da outra pessoa.

Faça uma breve (muito breve) introdução do seu objetivo na conversa sem meias palavras. Nada de fingir que você não quer vender quando todo mundo sabe que é pra isso que está ali. Seja transparente. Mostre rapidamente o valor da sua proposta e como ela pode ser boa para ambos os lados. Em seguida, faça perguntas para entender os desafios e as dores do seu cliente e mostre a ele apenas os pontos em que seu produto/serviço resolve essas questões. Os demais pontos, envie depois por e-mail.

Durante toda a reunião, faça anotações do que a pessoa falou, mas também do que não falou e somente expressou. Caso decida fazer as anotações no computador ou telefone (não recomendo), se certifique de que o aparelho não está posicionado na frente, entre você o seu futuro cliente, o que cria uma barreira física entre os dois, e antes de tudo avise que está usando-o para fazer anotações pontuais. Olhe nos olhos do cliente e seja empático às suas alegrias e dores. Entenda que existe muita oferta no mercado, e alguém pode vir semana que vem oferecer o mesmo que você acabou de oferecer. No mundo de hoje, as pessoas estão favorecendo confiança e relacionamento *versus* produto ou serviço. Fique atento para perceber quais argumentos e valores do produto mais chamaram a atenção do outro e registre tudo para lembrar depois. Antes de ir embora, repita todos os argumentos fortes que sentiu que impactaram a outra pessoa. Você vai embora deixando na pessoa com quem se reuniu a sensação de que precisa fechar com você.

Combine o próximo ponto de contato ou encontro e pergunte em quanto tempo a pessoa acredita que dará o próximo passo em direção ao fechamento do negócio. Lembre-se, nada de pular etapas. Anote isso também e use esse prazo como meta de fechamento da conta.

●●● 5 - DEPOIS DO PRIMEIRO CONTATO

A maioria dos negócios depende da aprovação de mais de uma pessoa para ser fechada ou, até mesmo, um tempo para a pessoa pensar. Já que você pode não estar presente nesse segundo momento, envie um e-mail em até 24 horas depois da conversa agradecendo e resumindo no corpo do próprio e-mail os pontos que mais chamaram a atenção daquela pessoa na sua reunião. Anexe ou inclua após a mensagem principal outros argumentos e links que possa achar interessante. Mas nada muito grande. É muito importante enviar apenas conteúdo diretamente relacionado à conversa com a pessoa. Você se lembra das suas anotações? Reproduza na mensagem tudo aquilo que chamou a atenção do seu interlocutor de maneira concisa e certeira, assim como fez ao final da reunião presencial. Esse e-mail é muito importante para que seu futuro cliente possa vender a ideia para outros na empresa ou reafirmar para si mesmo que vale a pena seguir com você.

●●● 6 - FECHANDO O NEGÓCIO

Mantenha o contato a cada sete dias para ter notícias. Se um e-mail não for respondido, faça um contato mais pessoal por telefone ou WhatsApp. Seja criativo, envie algum link interessante com base em algo que a pessoa disse na reunião, convide para um evento de trabalho ou fale sobre filhos, livros, o que for. Continue criando a conexão para que ele conheça um pouco mais sobre você e decida finalmente se deseja confiar seu negócio a você ou não.

Pode ser que o momento do primeiro contato e da reunião não seja o ideal para fechar o negócio. Mas quando o momento chegar, você quer estar no topo da lista do seu cliente potencial. O que vai levar a fechar o negócio é o relacionamento, a confiança e o bom atendimento que seu cliente percebeu que terá em você. Faça amigos e fará bons negócios.

●●● MENTORIA E *NETWORKING* SEMPRE!

Cerque-se de pessoas que apoiam você e são bem-sucedidas na área em que também quer ter sucesso. Além de dicas e aberturas de portas valiosas ao seu negócio, essas pessoas também darão o conselho certo na hora errada para você, ou seja, quando tudo parecer estar indo para o caminho não planejado. Essas pessoas poderão ter aquele conselho feliz que colocará você de volta ao sucesso. Isso não serve apenas quando você está na fase de colocar o seu projeto de pé. É preciso continuar sempre. Busque estar em contato com pessoas que dominam assuntos que você não domina tanto, e aprenda, aprenda, aprenda.

Se você é empreendedor, carrega em alguma parte de si a força de um gorila e a juba de um leão. Nesses encontros, peça conselhos e ouça críticas, é para isso que servem os parceiros e mentores. Não espere receber elogios. Deixe que desconstruam seu sonho, desconstruam você, seus processos, e tudo o que você faz diversas vezes – sem nunca desistir. **E seja grato.**

CAPÍTULO 13

VOCÊ ESTÁ MAIS PRÓXIMO DE REALIZAR SEU SONHO DO QUE IMAGINA

O ÚNICO PODER QUE VOCÊ É CAPAZ DE TER É SOBRE *sua mente — e não sobre eventos externos*. Essa célebre frase de Marco Aurélio, um dos imperadores de Roma e estudioso de filosofia, é tão válida hoje quanto milhares de anos atrás. Nós, humanos, somos seres simples. Únicos, sim, mas intrinsecamente simples. Perceba isso e encontrará sua força. Perceba isso, e não se envolverá em dramas alheios. Perceba isso e conquistará qualquer mundo que desejar.

Muitos projetos de sucesso, sociais ou não, nascem da angústia do idealizador de querer mudar algo ao redor. Quando digo angústia, é no sentido de carência, falta. Observe o seu dia a dia e como você se sente na interação com ele, identificando quando algo incomoda pela falta de uma solução para você ou o outro. Comece a anotar oportunidades de negócio ou inovações para o seu negócio existente. Grandes ideias que mudaram o Brasil e o mundo nasceram desse momento de realização pessoal.

A história da Gabriela Corrêa, CEO da Lady Driver, uma espécie de Uber com motoristas mulheres para passageiras mulheres é um exemplo brasileiro. Gabriela teve a ideia da Lady Driver depois de passar por uma situação constrangedora em um táxi de aplicativo, com um motorista homem. Para a próxima viagem, buscou uma opção que tivesse motoristas mulheres e não encontrou.

A Lady Driver surgiu, então, como o primeiro aplicativo que conecta passageiras a motoristas mulheres com o objetivo de trazer mais segurança e tranquilidade para as viagens de carro por aplicativo. Quando Gabriela começou a falar de sua ideia, ouviu muitas vezes que seu negócio não daria certo — e a descrença veio até do pai e do marido. Os homens foram os que menos deram valor à ideia. Ela diz que credita essa desconfiança ao fato de os homens não entenderem de fato a necessidade das mulheres, por não viverem na pele as situações que elas ainda passam hoje. O negócio conta no momento com 3500 motoristas cadastradas e cresce com planos de conquistar o país. Gabriela transformou uma carência identificada por si mesma em negócio.

Foi também o que aconteceu com Leandro Vieira, idealizador do portal Administradores.com.br, que se transformou no maior veículo on-line voltado ao nicho específico de Administração e Negócios.

Em 2000, durante uma aula, um professor queria compartilhar um arquivo eletrônico com a turma. Pode parecer algo banal hoje em dia, mas a internet era recente no Brasil, tinha cerca de quatro ou cinco anos. O que chamou a atenção de Leandro foi a estratégia que esse professor adotou para que os alunos tivessem acesso ao arquivo: escreveu seu e-mail e sua senha no quadro e recomendou que entrassem em sua conta particular para baixar o arquivo. Na hora, Leandro pensou: "Que negócio mais amador e invasivo, dar a própria senha do e-mail para compartilhar um arquivo com a turma. Esse professor deveria ter um site no qual disponibilizasse o que quisesse compartilhar (artigos, arquivos, notícias etc.). Posso fazer isso para ele. No entanto, se fizer isso, posso fazer para os outros professores também. E se posso fazer para os outros professores, por que não para o Brasil inteiro?".

Leandro tinha vinte e poucos anos naquela época e ajudava na empresa de representações de alimentos da família. Quando teve a ideia de criar o Administradores, passava a maior parte do tempo na empresa diante do computador, dedicado a esse projeto. Seu pai reclamava: "Largue esse computador e vá trabalhar! Vamos vender frango!". Hoje o pai tem muito orgulho da trajetória do filho, mas demorou um bom tempo para entender o que ele queria fazer. Leandro viu uma lacuna, uma carência e a supriu, gerando fonte de renda para si mesmo, uma solução que já facilitou a vida de milhões de brasileiros e emprego para outras tantas pessoas.

ACREDITE NOS SEUS *INSIGHTS*

As pessoas que realizam os próprios sonhos se levam a sério. Se enxergam uma solução, não a ignoram. Se sentem um desejo artístico, investigam mais a fundo. Se pensam que uma ideia poderia se tornar um negócio, vão atrás.

A vida está recheada de distrações e, se você me disser que não tem tempo para planejar seus sonhos, peço que baixe o aplicativo *QualityTime* ou *Moment* e analise quanto tempo tem passado no Facebook, no WhatsApp, com jogos ou outras distrações no celular. Observe também seu tempo assistindo à televisão. Não estou defendendo que corte completamente seu entretenimento em casa, mas que observe quanto tempo gasta em telas que são estruturadas de maneira a viciar sua atenção. Corte o tempo gasto nelas pela metade, assim, verá que vai ler mais livros (um hábito comum entre as pessoas bem-sucedidas), viver seus sonhos, e quem sabe até ser mais feliz!

O mundo pode ser mudado com a iniciativa de cada indivíduo de oferecer o que tem de melhor para as pessoas ao redor, para sua comunidade, sua cidade, seu país e até mesmo para o mundo todo. O empreendedorismo pode salvar o Brasil. Infelizmente para todos nós, ninguém vai vir salvar o Brasil. Teremos de fazer isso nós mesmos. Por meio da realização de nossos sonhos. Do exercício de nossos talentos, da persistência e fé em nossa capacidade de executar. Não é o chefe que vai nos salvar, nem o político, nem mesmo a família ou os amigos. Vai ser a própria gente brasileira, com sua inventividade.

NÃO DESISTA ANTES DA CHEGADA

Um famoso boxeador norte-americano disse certa vez: "*Todo mundo tem um plano até que leve um soco na cara*". Dar o primeiro passo também significa entender que ideais e projetos têm seu tempo de maturidade ligado ao momento em que são apresentados. Isso se aplica tanto a projetos sociais e artísticos quanto outros tipos de empreendimento. Algumas ideias são semeadas ao longo do tempo, surgem aqui e ali até se materializar de vez no momento adequado. Por isso a importância de começar agora e gerenciar muito bem o fluxo de caixa enquanto observa o mercado e aprende com seus primeiros clientes. De acordo com pesquisa feita pelo investidor serial e empreendedor Bill Gross, o momento adequado para uma ideia ou uma *startup* representa 42% da diferença entre sucesso e fracasso. Time e execução vieram em segundo, e a ideia, o diferencial dessa ideia e sua singularidade, em terceiro.

A maioria das pessoas reconhece o nome Walt Disney e o império que esse empreendedor criou. Poucas pessoas, porém, sabem que ele foi demitido do emprego em um jornal, em 1921, por *não ter imaginação nem boas ideias*. Qual não deve ter sido a surpresa para o ex-chefe, quando, em 1937, quase dezesseis anos depois, o mesmo Walt ganhou oito (oito!) Oscars por sua imaginação e ideia ao lançar o primeiro longa-metragem de animação?

Durante esses dezesseis anos, a trajetória para o sucesso não foi linear: ele foi à falência, teve seus direitos autorais roubados, mas finalmente a confiança em si mesmo vingou, e ele fundou uma empresa avaliada atualmente em 500 bilhões de reais.

●●● DE ONDE VÊM AS IDEIAS? ONDE CONSIGO UMA?

As histórias de mudança de rota são comuns num empreendimento. Quando eu trabalhava com música, fizemos um trabalho de abertura de mercado em um país em que tudo ia bem até que um de nossos parceiros nos proibiu de lançar qualquer CD com a foto de um africano na capa. *Não vão vender*, ele nos disse. A exigência ia contra tudo em que acreditávamos, e estávamos prestes a cancelar tudo quando aceitaram trabalhar conosco em um plano de introdução dos álbuns e artistas aos poucos até que, em um ano, todos — inclusive aqueles com africanos na capa — fossem vendidos com as versões das capas norte-americanas.

Essa situação mostra quão importante é não ir contra sua ética e seus princípios. Mude de rota se for preciso, mas insista em **seu** sonho. Para mim, a beleza da arte significa inclusão e é a maneira mais acessível de experimentar a cultura do outro. Além disso, como não amar a música africana? Aceitar a sugestão do parceiro em troca de um grande contrato significaria prostituir minha ética, meu caráter e meus sonhos.

Às vezes, é preciso dar uma volta maior para chegar a um ponto de maneira estratégica e bem-sucedida, mas é preciso chegar. Quando parecer que sua rota o levou a um beco sem saída, tenha uma boa noite de sono antes de desistir. Deixe um pouco o problema de lado e siga o conselho do professor e sociólogo italiano Domenico de Masi, usando o ócio criativo a seu favor.

Saia para caminhar, praticar um esporte, ver um filme ou ler um livro de poesias. As maiores inovações da Kickante, aquelas que me trouxeram prêmios e reconhecimento, não surgiram no meu dia a dia. Impossível! Existe tanto a fazer, reagir e executar nas horas de trabalho. Elas vieram enquanto eu lia livros de inovação ou negócios, enquanto fazia *walking meditation* (caminhadas em meditação) na natureza. Ou enquanto conversava calmamente sobre o negócio com meu time.

Se você está preocupado com a falta de inovação na sua empresa, seu projeto ou negócio, e recomendo que esteja, permita-se parar de executar e bloqueie tempo na sua agenda para **pensar**. Nos dias seguintes a situação vai tomar outra forma, você vai ver que pode criar um atalho em que não havia pensado antes e então seguir com força e coragem para executá-lo.

Mesmo nas horas mais difíceis, não desista. Se for ridicularizado, não desanime. Os *bullies* infantis crescem e mudam de forma; às vezes, até de corpo. Em vez de bater na criança na esquina de casa, o *bully* maior de idade bate com maestria nos sonhos dos outros. Já disse Gandhi: "*Não deixe que ninguém caminhe na sua mente com pés sujos*", seja quem for, seu pai, sua mãe, seu/sua companheiro(a), irmão, melhor amigo, colega, conhecido ou desconhecido. **Nunca deixe que ninguém caminhe em sua mente com pés sujos e zombe de seus sonhos.**

CAPÍTULO 14

MUDE O (SEU) MUNDO COM SEUS SONHOS

VOA (MENINO OU) MENINA, ACREDITA EM SUAS ASAS, PÕE FÉ NO SEU CORAÇÃO. FAZ O MUNDO PERCEBER QUE É O MEDO A VERDADEIRA PRISÃO.

VICTOR DURAN

O MARKETING DAS NAÇÕES NOS IMPRESSIONA AO mostrar que os países podem ser notados de acordo com uma ou mais características principais relacionadas a eles. Ao pensarmos na França, imaginamos a culinária, os queijos e os vinhos. Ao pensarmos na Índia, focamos na ioga, *new age* e *namastê*. Ao pensar no Brasil, o mundo pensa no futebol, em mulheres bonitas (*ainda*) e na terra da **felicidade**. Em algumas situações o trabalho de marketing das nações é estratégico, em outras, não. Em alguns momentos ele é benéfico, aumentando o poder financeiro da nação; em outros, prejudica. Um exemplo prático: alguém aqui está programando passar as próximas férias no Paquistão? O pai do meu filho é paquistanês, e posso afirmar que por aqui em casa não estamos. O mesmo ocorre com sua empresa, seu projeto, seu sonho e você. Seu marketing está diretamente relacionado a como as pessoas experimentarão seu projeto ou sua ideia.

Por isso o maior objetivo deste livro é fazê-lo traçar seu caminho estratégico para conhecer, encontrar e seguir o seu **propósito**, pois é aí que mora o seu potencial de realização. Propósito não é projeto, propósito não é nem mesmo o sonho. O propósito vem antes deles. O propósito é o realizador, o mantenedor e o idealizador de tudo o que um dia impulsionou a humanidade e impactou o mundo de alguma maneira.

Copiar, desacelerar, dar aquele *jeitinho*, na maioria das vezes tudo isso representa alguém que desistiu mentalmente do sonho, esqueceu o propósito e agora está conectado ao propósito do outro, e não sabe como chegar lá. O sucesso não mora aí. Ainda assim, pressões e soluções prontas da sociedade dizem a seus filhos, vizinhos, amigos e parentes que *mora, sim*.

Quem nunca ouviu que, para ser feliz, é preciso casar e ter filhos, ser magro, ter dinheiro, ter um bom emprego, ou, se for construir algo, só é sucesso de verdade se construir gra-a-a-a-a-nde?

No entanto, sucesso não tem tamanho definido. Não tem cor. Sexo. Ou jeito. Sucesso é pessoal. Ele não mora do lado de fora, na opinião dos outros, ele reside lá dentro, no espaço entre seu desejo, preparo e sua vontade — e nessa frase recheada de palavras fortes, a mais importante ainda é **seu**.

A quantidade de talentos desperdiçados hoje no Brasil sem emprego (vai embora, crise!), ou mal-empregados (fazendo o que não ama), é grande. A verdade é que a competição é desleal. Na Europa e nos Estados Unidos, músicos aprendem como gerenciar mídias digitais para ter sucesso na carreira enquanto aprendem a própria arte; crianças aprendem sobre plano de negócios na escola desde os 9 anos; governos dão fundos, e empresas entendem o poder da meritocracia. Já no Brasil estamos constantemente correndo contra o tempo do *desenvolvimento*.

Nesse processo, é importante lembrar sempre que o erro faz parte do processo. Empreender é testar. **Ousar**. Ir além do conhecido. Não é humanamente possível acertar sempre. Parece incabível esperar isso do empreendedor ou de si mesmo, quando se está tentando fazer algo novo pela primeira vez, não é verdade? No entanto é exatamente isso que fazemos. E, com isso, nos algemamos.

● ● ● COMO ME RECONECTAR AO MEU PROPÓSITO?

Uma das grandes vantagens de tentar viver conectado ao seu propósito é que você acaba frequentando espaços e conhecendo pessoas na mesma busca que a sua.

Quando fui para Cingapura receber o prêmio Cartier Women's Initiative, conheci a norte-americana Katie Anderson, que também ganhou o prêmio devido ao seu empreendimento milionário nos Estados Unidos, onde ela economiza água de grandes prédios sem mudar os hábitos dos moradores. Sua empresa, a Save Water Co. (Salvando a Água) fecha contratos com a administração de grandes prédios e faz apenas pequenos ajustes de encanamento nos apartamentos, economizando, assim, uma grande quantia de dinheiro a todos.

Ela recebe de três maneiras, e é o cliente quem decide: a) Nenhum valor antecipado, apenas a economia que o time dela trouxer no primeiro ano após ajustes (o mais lucrativo para a Katie), b) Parte antecipado, parte economia; c) Totalmente antecipado (aqui é pago um custo predeterminado do serviço em si).

A garantia do pagamento e o gerenciamento de risco para a empresa da Katie nas situações a e b ocorrem porque ela consegue trazer essa economia para os moradores sem mudar seus hábitos. Digamos que a água esquenta mais rápido, que a descarga dispensa um pouco menos de água, sem que o morador sequer perceba ou passe por alguma inconveniência! Essa é uma grande sacada de uma menina simples nascida em uma cidade com menos de 200 pessoas, e, inclusive, a primeira da sua família a fazer faculdade.

Katie contou-me o que acredita ser seu maior segredo, e qual não foi minha tranquilidade ao ouvi-la relatar seu processo: um grupo de três questionamentos que a traz de volta ao seu propósito em qualquer momento da trajetória. Esse processo funciona para Katie, funciona para mim e recomendo testá-lo em diferentes momentos da vida: quando estiver em dúvida, sentir medo, ansiedade, e tudo aquilo que nos rouba a clareza.

Vamos a ele!

RECONECTANDO COM SEU PROPÓSITO

Vá para o *seu* lugar, aquele que lhe traz tranquilidade. Você precisará silenciar a mente para escutar sua própria voz. Deixe o celular de lado. Para mim, esse lugar é sempre na natureza, entre árvores e água, ou em oração. Faça então para si mesmo uma declaração, ao se perguntar:

1) SE (COLOCAR AQUI O QUE BUSCA ALCANÇAR) FOR O MELHOR PARA MIM, MEU EMPREENDIMENTO E TODOS OS ENVOLVIDOS, ENTÃO EU ADORARIA (COLOCAR AQUI O QUE BUSCA ALCANÇAR). SE NÃO FOR, PREFIRO NÃO (COLOCAR AQUI O QUE BUSCA ALCANÇAR).

● ● ● 2) QUANTO POSSO ME DIVERTIR FAZENDO (CO-LOCAR AQUI O QUE BUSCA ALCANÇAR)?

Breve nota: Naturalmente como crianças, buscamos nos divertir para alcançar momentos de felicidade. E então crescemos e entendemos que diversão e fase adulta não podem andar lado a lado. Ledo engano. A enfermeira australiana Bronnie Ware cuida de pacientes que estão nas últimas doze semanas de vida. Ao perguntar o que eles gostariam de ter feito diferente, todos deram as mesmas respostas. As duas principais? "Eu queria ter tido a coragem de viver a vida do meu jeito, não o que esperavam de mim", e também "Eu queria não ter trabalhado tanto". Se você tornar parte de seu processo entender quanto pode se divertir com uma nova fase do seu projeto, terá em mãos o poder de transformar por completo como trabalha e como passará os próximos anos de sua vida. Faz dois anos que essa pergunta é a principal para qualquer projeto para o qual sou convidada.

● ● ● 3) COMO POSSO ME INSPIRAR FAZENDO (COLO-CAR AQUI O QUE BUSCA ALCANÇAR)?

Reflita sobre estas três perguntas e veja não só o seu propósito se concretizar, mas também os passos que você deve dar para tornar seu sonho realidade.

● ● ● O EFEITO DOMINÓ

Quando mudamos, geramos um impacto que causa desconforto ao nosso redor. Ao alcançar seu sonho, ao viver feliz, você está dizendo à pessoa a seu lado, àquele ou àquela que encontra refúgio no *não* alcançar, que é possível, sim, sair do beco do medo e **realizar**. Não são todos os que estão preparados para ouvir isso. Porém, seria de fato justo que você abdicasse do seu potencial de alcançar o que deseja na vida por causa da limitação do outro? Do desejo do outro de não viver uma vida plena, de não alcançar seu real potencial? E, no entanto, vejo isso acontecendo todos os dias.

A esposa que não quer brilhar mais que o marido, *vai que ele me larga! Homem não gosta de mulher bem-sucedida*. Bobagem. De acordo com minha experiência de vida, é o contrário. Um homem bem resolvido adora ter uma mulher bem-sucedida ao seu lado.

O funcionário que pede demissão ou muda sua atitude no trabalho em solidariedade ao colega que não tem o mesmo reconhecimento ou é demitido (sim, isso ainda acontece mesmo em um Brasil em crise — e, de acordo com relato de amigos empreendedores no país, acontece muito). O filho que deixa de seguir o sonho porque os pais definiram um futuro financeiro diferente, assim que ele nasceu, sem sequer investir tempo em conhecer sua criança e entender o que faria o seu coração brilhar.

Quero que você entenda que é possível libertar-se de qualquer algema que o afaste de seu sonho hoje e viver uma vida mais plena. A algema não é real, é mental, você mesmo a criou e jogou a chave fora. Não importa quão longe do seu propósito você esteja, ainda pode reconectar-se consigo mesmo e planejar de maneira responsável seus próximos passos. Assim como o Fábio Silva do Porto Social precisou revisitar seus gastos com itens luxuosos, pois desejava seguir uma vida de serviço social, ou a Monica Salgado precisou refletir por mais de um ano sobre seu novo propósito como influenciadora digital e apresentadora, você também tem o direito de seguir a vida de maneira que a ame e deseje.

● ● ● PERMITIR-SE AO PERMITIR O OUTRO

As pessoas me parabenizaram muito pela posição de liderança na indústria de *world music* quando trabalhava na área, pelo sucesso na carreira quando estava em cargos de chefia ainda muito jovem em Nova York, pelos prêmios e vidas impactadas pela Kickante, e isso não é nem o começo das diferentes peles que ainda vou vestir. Estar conectado ao seu propósito demanda viver completamente desapegado de como as pessoas o enxergam. Isso é importante porque talvez você precise se reinventar mais de uma vez. No seu relacionamento com o mundo, sugiro se policiar e também não colocar o outro dentro de uma caixa.

Há seis anos, meu parceiro, Salman, começou um projeto para criar a própria *hedge fund* (fundo multimercado). No segundo ano trabalhando em tempo integral no seu sonho, ele estava pronto para captar investimento para lançar o fundo. O processo demorou, e as economias do casal acabavam. Até que recebeu a proposta para chefiar um segmento importante de um dos maiores bancos da Holanda. Ele leu a proposta e me disse que a jornada para lançar o projeto estava sendo longa e que queria dar à nossa nova família (nosso filho tinha nascido meses antes) tudo o que merecíamos, afinal o cargo vinha com alto salário e todas as regalias a que estávamos acostumados com os altos cargos executivos que ocupávamos. Eu senti muita gratidão pela nobreza da oferta dele, e compaixão pelo difícil momento em que ele teve de refletir seriamente sobre abandonar seu sonho. Coloquei nosso filho no berço, abracei-o e disse apenas: "*A única coisa de que a gente precisa é que você seja feliz. Sua* hedge fund *é o seu sonho, nunca abdique dele por nada e por ninguém. Existe um caminho nesta vida conjunta que levamos que ainda é só seu".*

É surpresa para você que lê este livro que um ano depois dessa conversa, quando a Kickante nasceu e tive de voltar a viajar internacionalmente, tive seu apoio incondicional, e ainda tenho?

Quando permitimos as pessoas ao nosso redor alcançar seu maior potencial, algo lindo acontece: também nos permitimos e somos permitidos. E como já aprendemos nos capítulos anteriores, nosso maior diferencial como humanos é a possibilidade de fazer algo maior quando estamos juntos, em grupo.

SEJA A MUDANÇA

Temos a força e a coragem para impactar o mundo na escala e maneira que desejarmos, e as mídias sociais têm unido as pessoas em seus objetivos. No entanto, também trazem notícias falsas (existem empresas especializadas na venda de peças falsas), *slacktivismo* (minha curtida em troca da minha doação de tempo ou dinheiro) e *cyber bullying* (quando perfis são criados apenas para denegrir a imagem do outro).

Falamos muito sobre respeitar o próximo e mudar o mundo, mas a verdadeira força de impacto em grande escala começa quando respeitamos a **nós mesmos** e mudamos **nossa casa** para melhor.

Já imaginou que louco seria se todas as pessoas ao seu redor (realmente, todas, *100%*) respeitassem a si mesmas de tal maneira que conhecessem seu real propósito e o que as faz felizes e vivessem essa plenitude sem medo do ridículo? Difícil visualizar a escalação dessa possibilidade em todos, não é?

Você não é o único com essa dificuldade. Não é por acaso que o poema "O nosso maior medo", da escritora Marianne Williamson, se tornou sensação internacional quase do dia para a noite, lembrando--nos de que:

> É NOSSA LUZ NÃO NOSSA ESCURIDÃO QUE MAIS NOS ASSUSTA
> NOSSO MEDO MAIS PROFUNDO NÃO É DE SERMOS INADEQUADOS.
> NOSSO MEDO MAIS PROFUNDO É DE SERMOS PODEROSOS ALÉM DA MEDIDA.
> É NOSSA LUZ, NÃO NOSSA ESCURIDÃO, QUE MAIS NOS ASSUSTA.
> NÓS NOS PERGUNTAMOS: QUEM SOU EU PARA SER BRILHANTE, LINDO, TALENTOSO E FABULOSO?

Peço que reflita sobre isso por alguns minutos porque o livro já está para terminar.

E ONDE ESTÁ A TÃO SONHADA, DANADA, FELICIDADE?

No final de 2015, eu estava passando por um momento pessoal difícil. Na pequena televisão do avião, vi a imagem de uma menina na África que iria enfrentar uma intervenção cirúrgica na perna sem anestesia. Ela sentava quieta. A perna sangrava enquanto o médico a abria com cuidado para tratar uma doença local. Ela olhava em silêncio, com as lágrimas caindo dos olhos. Continuou sentada, imóvel, com uma nobreza que não deveria ser exigida de uma criança de 4, talvez 5 anos de idade. As lágrimas dela escorriam, mas ela não se movia, ciente de que qualquer movimento apenas aumentaria sua dor. Naquele momento, olhei a dor daquela criança, comparei-a à minha e chorei... Ali mesmo, no avião, perto de todos, as lágrimas silenciosamente também caíam com as lágrimas dela.

Quando vi a dor daquela criança, pensei: se ainda tem espaço na minha mente para preocupação ou drama social, tem espaço para ajudar mais alguém. E naquele momento, nasceu meu projeto de levar arte para crianças refugiadas na Holanda. Elas chegam sem nada. Sem nenhum brinquedo, a roupa do corpo, sem amigos, muitas vezes sem familiares. Muitas acabam sendo roubadas pelo tráfico infantil... E quando chegam a seus novos países, as pessoas lhes dizem: "Não quero você. Vá embora. Você não pertence a este lugar".

E elas pertencem a quem? À morte? Isso era algo que me incomodava. Naquele momento, decidi que faria uma campanha de aniversário para ajudar as crianças refugiadas. Minha dor se tornou amor e sorriso no rosto delas. No ano seguinte fiz de novo. Usei apenas o que sei de mídias digitais e financiamento coletivo e levantei quase 100 mil reais para essas crianças, em quatro meses, nos dois anos.

Se temos tempo para dramas sociais, que não nos rende nada, temos tempo para impactar o mundo de alguma forma! Temos tempo para trabalhar em um sonho guardado na gaveta. Temos tempo para produzir.

Comece hoje a reservar uma hora por semana para refletir sobre o que você quer da vida, seu sonho, seu propósito. Conecte-se consigo mesmo para entender como poderia realizar **seu** sonho e **ser** mais feliz. Se você não tiver uma hora por semana para se encontrar consigo mesmo e fazer seu sonho se transformar em realidade, por que acredita que outra pessoa o faria? No entanto, nos dramas da vida, estamos constantemente colocando nossas expectativas no outro. A solução está em nós.

●●● OS GUARDIÕES DA FELICIDADE

O Butão, país da Ásia localizado entre a Índia e o Tibete, criou na década de 1970 o índice Felicidade Interna Bruta (FIB) para mensurar a felicidade do povo de acordo com valores budistas. Isso foi pensado ao entender que os índices capitalistas não medem corretamente valores socioculturais importantes para a população do país. Por exemplo, uma jornada menor de trabalho é mais importante do que um aumento de salário para comprar o iPhone mais atual. Assim, enquanto os modelos tradicionais de desenvolvimento focam no crescimento econômico das nações, o FIB busca o desenvolvimento humano equilibrando o desenvolvimento espiritual e o material, buscando que se complementem, em vez de enfraquecer um ao outro.

Mais do que isso, ele torna a felicidade **mensurável**, algo importante para a sociedade atual que — diferente dos povos antigos que propagavam a felicidade como sinônimo da sorte ou do destino — a promovem como uma busca pessoal, ligada a virtudes teológicas, altruísmo, realização pessoal e profissional, ou até mesmo direito constitucional — como está presente na Declaração de Independência dos Estados Unidos, que inclui a busca da felicidade como um direito inalienável, junto com o direito à vida e à liberdade.

Se um país inteiro consegue acompanhar seu índice de Felicidade Interna Bruta e ser guardião de seu propósito de vida, com certeza podemos fazer o mesmo **individualmente**. Olhando para nós mesmos. Promovendo um futuro aos nossos sonhos, para que não morram afogados no rio do desgosto.

Enquanto você caminha pela vida, agora altamente conectado ao seu propósito, com o poder de transformar a realidade ao redor e de (se assim desejar) até mesmo mudar o mundo; enquanto segue com os afazeres do dia a dia, agora completamente transformado em uma verdadeira fábrica de sonhos, lembre-se, durante os tropeços que certamente virão, de que persistir é sua melhor alternativa, pois uma vida conectada a seu propósito e fiel a seus sonhos é uma vida **livre**. E é essa a vida que eu, você, seus familiares e seus vizinhos de fato nascemos para viver.

"ONTEM, EU ERA INTELIGENTE E QUERIA MUDAR O MUNDO. HOJE, SOU SÁBIO E QUERO MUDAR A MIM MESMO."

RUMI, POETA PERSA NASCIDO EM 1207

Este livro foi impresso pela gráfica
Loyola em papel norbrite 66,6 g.